DIE PERFEKTE
Männerwirtschaft

Kochen · Handwerken · Haushalten

Im Alltag überleben mit Mr. Bean

Editorische Notiz

Verehrte Leser und Leserinnen,

wir möchten uns an dieser Stelle für das ungewöhnliche Aussehen dieses Buches entschuldigen. Leider ist es einer nicht autorisierten Person kurz vor Drucklegung gelungen, das fertige Manuskript an sich zu bringen und meistenteils unpassende Korrekturen einzutragen. Da wir es uns zeitlich und finanziell nicht erlauben konnten, den Erscheinungstermin hinauszuzögern, haben wir uns entschlossen, das Buch in der Form, in der es Ihnen nun vorliegt, herauszubringen. **Wir wünschen Ihnen trotz aller Widrigkeiten viel Freude damit.**

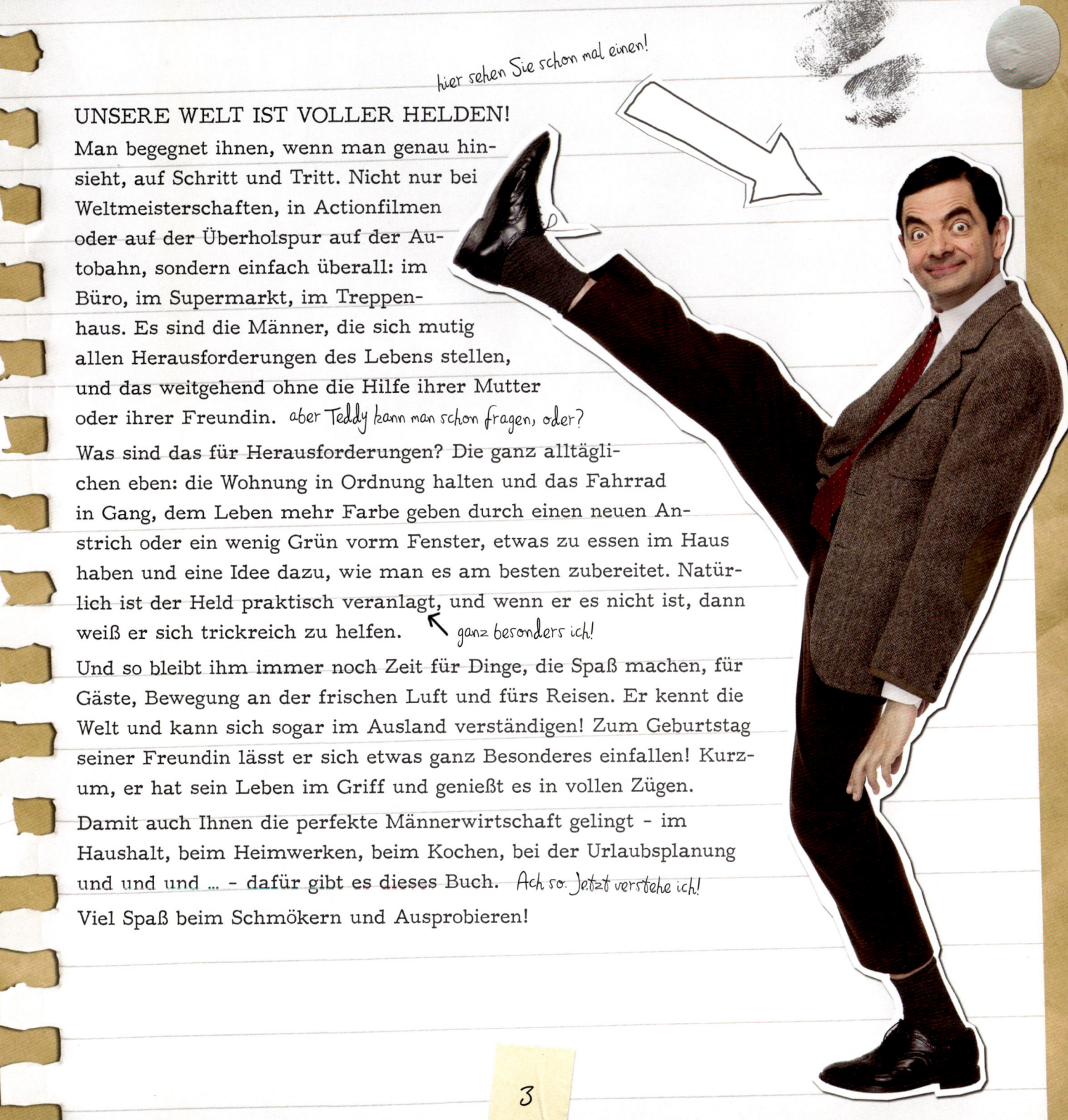

hier sehen Sie schon mal einen!

UNSERE WELT IST VOLLER HELDEN!

Man begegnet ihnen, wenn man genau hin-
sieht, auf Schritt und Tritt. Nicht nur bei
Weltmeisterschaften, in Actionfilmen
oder auf der Überholspur auf der Au-
tobahn, sondern einfach überall: im
Büro, im Supermarkt, im Treppen-
haus. Es sind die Männer, die sich mutig
allen Herausforderungen des Lebens stellen,
und das weitgehend ohne die Hilfe ihrer Mutter
oder ihrer Freundin. *aber Teddy kann man schon fragen, oder?*

Was sind das für Herausforderungen? Die ganz alltägli-
chen eben: die Wohnung in Ordnung halten und das Fahrrad
in Gang, dem Leben mehr Farbe geben durch einen neuen Anstrich oder ein wenig Grün vorm Fenster, etwas zu essen im Haus
haben und eine Idee dazu, wie man es am besten zubereitet. Natürlich ist der Held praktisch veranlagt, und wenn er es nicht ist, dann
weiß er sich trickreich zu helfen. *ganz besonders ich!*

Und so bleibt ihm immer noch Zeit für Dinge, die Spaß machen, für
Gäste, Bewegung an der frischen Luft und fürs Reisen. Er kennt die
Welt und kann sich sogar im Ausland verständigen! Zum Geburtstag
seiner Freundin lässt er sich etwas ganz Besonderes einfallen! Kurz-
um, er hat sein Leben im Griff und genießt es in vollen Zügen.

Damit auch Ihnen die perfekte Männerwirtschaft gelingt - im
Haushalt, beim Heimwerken, beim Kochen, bei der Urlaubsplanung
und und und ... - dafür gibt es dieses Buch. *Ach so. Jetzt verstehe ich!*

Viel Spaß beim Schmökern und Ausprobieren!

INHALT

Teddy! Warum liegst du denn hier herum?

KOCHEN

WAS SONST NOCH SPASS MACHT

HAUSHALTEN

Ordnung ist das halbe Leben, und wenn es dann auch noch unter dem Bett gut aussieht - umso besser! Lesen Sie hier, wie Sie Ihren Haushalt auf Vordermann bringen, wie Sie vermeiden, dass das Chaos zurückkehrt, was Sie tun, wenn sich plötzlich Gäste* ankündigen, und wie auch Sie selbst immer wie aus dem Ei gepellt aussehen.

* Schreck, lass nach ...

↑ dazu weiß ich bereits alles.

AUFRÄUMEN

Die „perfekte" Ordnung gibt es nicht. Ob Sie sich in den eigenen vier Wänden wohlfühlen, ist abhängig von Ihren Bedürfnissen und Ansprüchen. Während der eine es nüchtern mag und alles in Schränken und Schubladen verschwinden lässt, schätzt der andere eine Umgebung, in der Spuren des Alltagslebens zu erkennen sind. Ziel des Aufräumens ist es, eine Atmosphäre zu schaffen, in der man gern lebt, wohnt, isst, arbeitet und schläft.

Es wäre schön, wenn das alleine durch Aufräumen zu schaffen wäre. Irma sagt, dass dazu noch mehr gehört ...

Hm, na ja ...

Wie sieht es denn bei Ihnen aus? Stapeln und sortieren Sie leidenschaftlich? Dann können Sie diese Seiten getrost überspringen. Wenn Sie aber finden, dass sich etwas ändern sollte, dann schreiten Sie so bald wie möglich zur Tat. Wir empfehlen den Weg zur ordentlichen Wohnung in zwei Schritten.* Wir unterscheiden dabei das große Aufräumen, das ansteht, wenn nichts mehr geht, und das tägliche Nacharbeiten, damit es zum großen Chaos gar nicht erst kommt.

* Ich habe zwei Schritte gemacht. Es sieht aber immer noch so aus wie vorher!?

1. Der große Rundumschlag

Das große Aufräumen ist etwas, für das man sich einen ganzen Tag oder besser noch ein Wochenende frei halten sollte. Staub und Dreck sind dann zweitrangig, zunächst geht es darum, System in die Räumlichkeiten zu bringen. Wenn es nötig ist, bewaffnen Sie sich für die erste Aufräumrunde mit einem Müllsack, machen einen Rundgang und entsorgen alles, was definitiv raus muss. Nehmen Sie sich einen Raum nach dem anderen vor und entscheiden Sie, was gemacht werden muss: im Schlafzimmer die Wäsche sortieren, im Wohnzimmer Bücher, Zeitschriften und CDs, in der Küche Geschirr und angebrochene Lebensmittel. *was genau sind eigentlich CDs?*

oder werfen Sie die Sachen direkt aus dem Fenster

Aufräumen ist nicht schwer. Für mich jedenfalls nicht. Ich tue alles immer dahin, wohin es gehört. Fertig.

Hilfreich ist für manchen, einen Plan zu machen. Setzen Sie alles, was erledigt werden muss, auf eine Liste und versuchen Sie den Zeitaufwand dafür zu schätzen. Es macht Spaß, auf der Checkliste immer mehr Häkchen für „Erledigt"* zu setzen. Vor allem wenn die Liste lang ist, halten Sie sich besser nicht zu lange mit Kleinigkeiten auf. Wenn Sie den Werkzeugkasten neu sortieren, den Sie eigentlich nur in den Keller zurückbringen wollten, wird das Projekt „Ordentliche Wohnung an einem Tag" wahrscheinlich scheitern.

Die Tücke des Aufräumens besteht darin, dass vielen Gegenständen, denen man beim Aufräumen begegnet, kein eindeutiger Platz zugeordnet ist, an den man sie verschwinden lassen kann. Vielleicht finden Sie bei der ersten größeren Aufräumaktion dafür eine Zwischenlösung, um dann nach und nach zu mehr System in Ihrer Wohnung zu kommen.

2. Ab dann: jeden Tag ein bisschen

Widerstehen Sie der Versuchung, die gerade geschaffenen Freiräume wieder mit neuem Krempel zu füllen, sondern freuen Sie sich an dem ungewohnten Anblick. Gewöhnen Sie sich an, Dinge, die Sie fern ihres angestammten Platzes verwendet haben, nach Gebrauch sofort wieder zurückzubringen.

Vermeiden Sie Zuwachs: Setzen Sie für jeden Gegenstand, den Sie längerfristig in den Haushalt einführen, einen anderen vor die Tür. Von kaputten Geräten* oder nicht getragenen Kleidungsstücken** trennen Sie sich leichter, wenn Sie sie für eine Weile in den Keller oder auf den Speicher bringen. Was Sie nach einem halben Jahr nicht vermissen, kann getrost entsorgt werden. Am besten schauen Sie gar nicht mehr genau nach, was Sie da vor ein paar Monaten ausrangiert haben.

Profis machen abends, bevor sie den Tag endgültig beenden, einen Rundgang durch die Wohnung und schauen, was noch herumliegt und an seinen Platz zurück möchte. Wenn man sich einmal daran gewöhnt hat, möchte man das Ritual nicht mehr missen. Was gibt es Schöneres, als sich in einer aufgeräumten Küche den Morgenkaffee zu brauen.

sich morgens einen schönen Breakfast Tea aufzugießen!

Wichtige Helfer beim Ordnunghalten

- eine Kiste (vielleicht ein Schuhkarton) für wichtige Post, die Sie nicht sofort erledigen und abheften können

- ein Behälter für Schmutzwäsche im Bad oder im Schlafzimmer

- eine Spülmaschine, in die alles schmutzige Geschirr gleich eingeräumt wird

- eine Box, in der Sie Andenken wie Eintrittskarten, Autogramme, Souvenirs und Mitbringsel horten, die im Regal oder auf dem Küchentisch einfach nur Staubfänger sind

– *ein Stammplatz für Teddy*

* z.B. dieser Fernseher, der nur funktioniert, wenn ich das Bild NICHT sehen kann

** so etwas habe ich nicht

GRUNDTECHNIKEN:
Fegen, saugen & wischen

Es klingt ebenso selbstverständlich wie simpel, wird aber erstaunlich oft nicht umgesetzt: Wer seine Putzgeräte handhabt wie ein Profi, putzt schneller und nachhaltiger. Ersparen Sie sich also das Erlebnis „Putzen ohne Saubermachen".

Richtig fegen

Im Zeitalter des Staubsaugers ist der Besen ein wenig in Vergessenheit geraten, dabei ist er häufig die schnellere *und leisere* Alternative. Gefegt wird von den Ecken zur Mitte, dann sammelt sich dort kein Dreck. Dabei muss man den Besen nicht mit Kraft schieben: Zieht man ihn sanft, schont das die Borsten. Besen außerdem immer hängend aufbewahren.

Manch einer schwört* für die kleine Reinigung zwischendurch auch auf den Trockenmopp, der Schmutz und Staub aufnimmt und Glanz auf den Boden zaubert. Wichtig: Der Mopp muss die ganze Zeit auf dem Boden aufliegen, erst am Schluss anheben und draußen ausschütteln, sonst war die Mühe umsonst. *so wahr mir Gott helfe

Gekonnt staubsaugen

Bevor man das Gerät in die Hand nimmt, sollte man erst einmal für freie Bahn sorgen und Kleinteile wie Münzen und Büroklammern vom Boden aufsammeln. Teppiche saugt man mit hochgeklappter Bürste, Fliesen und Parkett mit runtergeklappter - sonst gibt's Kratzer. Zum Saugen von (Polster-)Möbeln, Vorhängen, Gardinen und Teppichfransen sollten Sie den Aufsatz wechseln und zu Polsterdüse oder Möbelbürste greifen und die Saugleistung reduzieren.

Guter Tipp! Nur leider zu spät. Meine Gardine ist schon weg ...

Die Technik: Fahren Sie mit dem Sauger langsam über den Boden, immer etwa einen Meter vor und zurück. Die Streifen sollten sich leicht überlappen. Bei normal verschmutzten Flächen reicht es, zwei- bis dreimal darüberzufahren, im schlimmsten Fall müssen Sie auch deutlich häufiger über die Krisenbereiche gehen. Ganz zum Schluss werden Ränder und Ecken gesaugt. Achten Sie beim Saugen darauf, nicht zu heftig an den Möbeln oder Türkanten anzuecken - das sieht man früher oder später. Der Staubsaugerbeutel sollte gewechselt werden, wenn er etwas mehr als halb voll ist, unangenehm zu riechen beginnt oder die Saugleistung nachlässt.* Den Staubsauger nebst Rädern nach Gebrauch mit einem feuchten Tuch säubern.

* oder wenn Teddy darin verschwunden ist

Sauber wischen

Hier gilt wie beim Kehren: von den Ecken in die Mitte wischen. Den Boden vorher fegen, moppen oder saugen. Arbeiten Sie sich immer in Richtung Tür vor, sonst verderben am Ende Ihre eigenen Fußtapser das Ergebnis. Wenn es die Temperaturen zulassen, kann man die Fenster öffnen, dann trocknet der Boden schneller. Beim großen Wisch vorher die Fußleisten mit einem feuchten Tuch reinigen, störende Möbel wegräumen (Stühle umgedreht über den Tisch hängen usw.) und auch unter den Schränken putzen, beim kleinen Wisch putzt man sich nur an die Hindernisse heran.*

Nur Teile des Raums zu wischen, ist nicht klug: Das gibt unter Umständen Schmutzränder und fällt noch mehr auf als ein dreckiger Boden. Insbesondere Metallteile am Wischgerät sollte man nach Gebrauch trocken reiben, sonst könnten sie rosten.

* Vorsicht: Unbedingt den Eimer im Auge behalten. Und wenn man doch aus Versehen hineintritt: Fuß vorsichtig wieder herausnehmen, Schuh mit Zeitungspapier ausstopfen und in der Sonne zum Trocknen aufstellen.

Mit Schrubber und Besen kann man auch Autos steuern! Bin ich auch nur durch Zufall drauf gekommen. Funktionierte aber ganz wunderbar.

Diele, Wohn-
UND Esszimmer

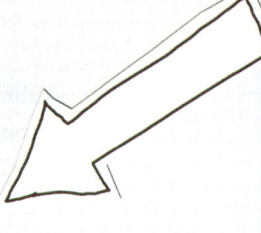

Im Wohnbereich hat man es weniger mit Wasser- und Fettflecken als in Küche und Bad zu tun. Hier diktieren der hohe Publikumsverkehr - und damit ständig drohende Unordnung - und Schmutz von draußen.

Diele

Der Eingangsbereich ist die „Schleuse zur Außenwelt", hier herrscht so viel Kommen und Gehen wie nirgends sonst in der Wohnung. Gegen Schmutz von draußen helfen eine hochwertige Schmutzfangmatte oder ein Teppich im Eingang.* Die Matte regelmäßig gründlich ausschütteln, saugen und einmal im Monat auch von unten säubern. *von unten? Wie soll ich das denn machen?*

Neben der routinemäßigen Wochenreinigung der Diele - Abstauben, Saugen, Wischen - sollten Sie sich von Zeit zu Zeit die Wohnungs- bzw. Haustür, Fußleisten und Schalter vornehmen. Weiterhin beugen Garderobe, Schirmständer und Schlüsselbrett allzu großer Unordnung vor.

* und die Aufforderung an alle Gäste, die Straßenschuhe gründlich abzutreten und idealerweise gegen Hausschuhe auszutauschen, die sie hoffentlich mitgebracht haben.

Wohn- und Esszimmer

Vor dem Putzen heißt es in den meisten Wohnzimmern erst einmal: aufräumen. Wer keine Lust hat, seinen lieben Mitbewohnern alles hinterherzutragen,* macht erst einen Rundgang mit einem großen Korb und sammelt alles auf, was nicht ins Wohn- bzw. Esszimmer gehört, und deponiert das Ganze an einem zentralen Ort, etwa an der Treppe, und jeder räumt das weg, was er „verkramt" hat.** Geputzt wird dann von oben nach unten. Widmen Sie sich zuerst dem Entfernen

* Das mache ich für meinen Freund Teddy aber sehr gerne.

** Da kann ich bei Teddy lange bitten, das macht der nie.

von Spinnweben an Decke, Wänden, Lampenschirmen sowie Tür- und Fensterrahmen und schütteln Sie die Vorhänge aus, dann werden Tische, Regale, Lampenschirme usw. abgestaubt, Fernseher, Computer und Musikanlage am besten mit einem antistatischen Tuch, da Elektrogeräte besonders eifrige Staubfänger sind.

*??? ** ???

←*mit einem asiatischen Tuch? Woher soll ich das nehmen?*

Zum Schluss kommt der Boden dran: Teppichböden werden gesaugt, harte Böden erst gefegt, gesaugt oder trocken gemoppt und dann - je nach Beschaffenheit - gewischt. Praktische Tipps zur Bodenpflege finden Sie auf der vorherigen Seite.

Wenn Sie es sich zur Gewohnheit machen, jeden Abend vor dem Schlafengehen Decken zurechtzuziehen, Kissen aufzuschütteln und Gläser und Ähnliches in die Küche zurückzutragen (und dort in die Spülmaschine einzuräumen), ist so ein Wohnzimmerputz relativ schnell erledigt. Wird im Esszimmer regelmäßig gegessen,* fällt natürlich etwas mehr Arbeit an: Besonders Tisch und Stühle müssen häufiger abgewischt und der Boden häufiger gereinigt werden.

was sollte ich in einem Esszimmer sonst tun?

Auf den Teppich gekleckert?

In diesem Fall müssen Sie rasch handeln:

- Flüssigkeiten mit einem sauberen Küchenpapier oder Putzlappen auftupfen, auf keinen Fall schrubben oder bürsten. Anschließend behandeln Sie den Fleck mit einem speziellen Fleckenentferner (Produkt erst an einer unauffälligen Stelle ausprobieren).

- Festeres so gut wie möglich mit einem Löffel abnehmen (ein Messer könnte die Fasern beschädigen), Fleck trocknen lassen, vorsichtig ausbürsten und Restfleck mit Fleckenentferner behandeln.

- Arbeiten Sie immer von außen zur Mitte, sonst breitet der Fleck sich aus.

- *Legen Sie einen kleinen Teppich auf den Fleck, und keiner wird etwas bemerken.*

Das SCHLAFZIMMER

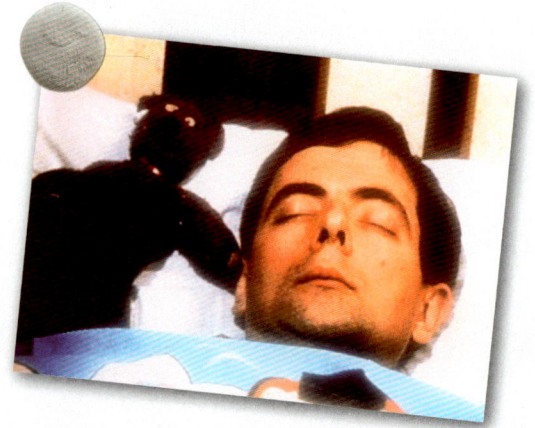

insbesondere, wenn das Bett im Wohnzimmer steht, ist es ratsam, es schön in Ordnung zu halten.

Ein sauberes und aufgeräumtes Schlafzimmer trägt wesentlich zur häuslichen Harmonie bei. Ein Grund mehr, dort ein bisschen Zeit zu investieren und dem Bett und dem dazugehörigen Zimmer eine besondere Pflege angedeihen zu lassen.*

Allgemeine Schlafzimmerpflege

bitte vorsichtig, wenn Teddy noch schläft

- Gewöhnen Sie sich an, jeden Morgen Ihr Bett zu machen – nicht ohne es vorher zu lüften, denn der Mensch schwitzt im Schlaf mehr, als man annehmen würde.

- Wenn es ans Putzen geht, beginnen Sie auch hier mit einer kleinen Aufräumaktion und entfernen alles, was im Schlafzimmer nichts zu suchen hat. Gewöhnen Sie sich am besten einen allabendlichen Kontrollgang an, dann kann sich erst gar nicht viel ansammeln.

dieses Thema hat sich schnell erledigt, wenn man gar nicht erst so viele verschiedene Outfits braucht

- Saubere Kleidung gehört in den Schrank, schmutzige in die Wäsche.

- Beim Putzen gehen Sie hier grundsätzlich ebenso vor wie im Wohnzimmer, also von oben nach unten: Zuerst Spinnweben an Decken, Wänden, Lampen* usw. entfernen, Vorhänge ausschütteln oder bei Bedarf saugen, staubwischen – und zum Schluss den Boden saugen und/oder wischen.

den Lampenschirm einfach bei der nächsten Wäsche mit in die Trommel geben

In regelmäßigen Abständen sollten Sie außerdem den Kleiderschrank komplett ausräumen, auswischen und wieder einräumen.

Bett und Matratze: Der Mensch verbringt sehr viel Zeit seines Lebens im Bett – und mit ihm jede Menge Staub und Milben. Darum sollte man seine Ruhestatt richtig pflegen. Wechseln Sie alle ein bis zwei Wochen die Bettwäsche. Auch Bettdecken und Kissen sollte man regelmäßig waschen (etwa

alle sechs Wochen und möglichst auch bei 60 °C, wenn eine Allergieneigung besteht). Matratzen sollte man alle drei Monate wenden (es sei denn, der Hersteller empfiehlt etwas anderes), möglichst dabei auch Kopf- und Fußende wechseln - wenn Ihre Matratze nicht in Liegezonen eingeteilt ist.

Bei dieser Gelegenheit können Sie die Matratze mit der Polsterdüse auch gleich gründlich absaugen, um Staub, Hautschüppchen und Milben den Garaus zu machen, und eventuelle Flecken mit Spray für Polstermöbel oder Trockenschaum entfernen.*

ACHTUNG: Wenn's beim Matratzeputzen feucht zugeht, Matratze unbedingt auf die Seite stellen, damit keine Feuchtigkeit in den Matratzenkern gelangt. Einen guten Schutz gegen Flüssigkeiten und Verschüttetes bieten waschbare Matratzenschoner, die in der Allergikerausführung außerdem verhindern sollen, dass in der Matratze befindliche Milben zum Menschen vordringen.

*und wenn Teddy bei der Gelegenheit schon wieder verschwindet, weiß ich schon, dass ich ihn im Staubsaugerbeutel wiederfinde

"FOOT REST" © Mr. Bean

Invented by Mr. Bean (of London)

TIPP

Das Schlafzimmer ist nach dem eigenen Empfinden oft weniger putzbedürftig als Wohnzimmer oder gar Küche und Bad, was auch grundsätzlich richtig ist. Dennoch sollten Sie gerade im Schlafzimmer regelmäßig den Staubwedel schwingen: Durch das häufige Bettenmachen und Kleiderfalten verteilt man vorhandenen Staub fröhlich durch den gesamten Raum.* Daher lieber öfter Staub wischen und saugen - da im Schlafzimmer meist weniger Möbel stehen, geht das dann in der Regel auch recht schnell.

*mein Tipp wäre dann: Weniger Betten machen und Kleider falten – da sparen Sie sich jede Menge Zeit, die Sie sonst mit Putzen vertun.

Das BAD auf Hochglanz bringen

Gäste über Nacht? Welchen Sinn soll das haben?

Nicht nur wenn sich Gäste über Nacht anmelden, sollte man den Zustand des Badezimmers überprüfen. Alte Socken in die Wäsche befördern, Zahnpastatube zudrehen und in Form drücken, frische Handtücher aufhängen - das ist schon mal ein Anfang. Wer es noch ein wenig professioneller angehen möchte, arbeitet am besten die folgenden Punkte ab.

Toilette

Putzen mit Salatsoße!?

Sprühen Sie Spülkasten, Becken sowie Außen- und Innenseite von Klodeckel und -brille mit Essig- oder einem desinfizierenden Badreiniger ein und wischen mit einem trockenen Lappen nach. Danach senken Sie den Wasserspiegel in der Toilettenschüssel, indem Sie einige Male mit der Toilettenbürste in den Abfluss stoßen.* Nun WC-Reiniger in das Becken und unter den Beckenrand geben und eine Weile einwirken lassen, dann Schüssel von innen kräftig mit der Klobürste schrubben, vor allem unterm Rand. Abspülen und Bürste gut mit klarem Wasser ausspülen.**

* bitte dabei nicht zu rabiat vorgehen. Die Klobürste kann abbrechen, und man hängt plötzlich bis zum Ellbogen im Rohr.

** Wenn etwas in die Augen spritzt, bitte ruhig bleiben und nicht gegen alle Regale und Spiegel laufen.

Waschbecken

problemlos würde ich es nicht nennen

Das Waschbecken sollte mit Essigreiniger ebenfalls problemlos sauber zu bekommen sein. Hartnäckigen Verschmutzungen an Abfluss, Überlauf und Armatur können Sie mit etwas Scheuermilch zu Leibe rücken. Im Waschbecken endgültig spiegeln werden Sie sich, wenn Sie zum Abschluss noch mit einem Mikrofasertuch nachpolieren.

Spiegel

Wischen Sie den Spiegel mit Essigreiniger feucht ab oder sprühen Sie Glasreiniger drauf. Danach mit einem trockenen Tuch nachreiben. Spiegel beschlagen übrigens nicht mehr, wenn man sie mit einem trockenen Stück Seife abreibt und danach mit einem Tuch nachpoliert.

wieder schön klar, toll

Armaturen

Gegen Kalkflecken auf den Hähnen können Sie gleich mit mehreren Methoden vorgehen. Was gut hilft, ist purer Essig oder etwas Essigessenz, alternativ können Sie die Armaturen auch mit einer halben Zitrone abreiben oder mit Natron bearbeiten. Wie neu werden unansehnlich gewordene Chromarmaturen, wenn man sie mit Chromreiniger aus dem Autohandel wieder auffrischt.

Duschkabine

Hier können Sie wahlweise zu Essig- oder Neutralreiniger greifen. Oder Sie mischen Wasser und Essig in einer Sprühflasche zu gleichen Teilen, sprühen alles - also Metallteile, Tür, Fliesen und Duschtasse - mit der Lösung ein, lassen alles bei Bedarf eine Weile einwirken, wischen dann mit einem nassen Schwamm nach und reiben das Ganze dann trocken.

Das Sprühen macht sehr viel Spaß, besonders wenn die Lösung schön schaumig ist. Es ist trotzdem besser, nicht gleich das ganze Bad einzusprühen, weil man sonst ausrutschen und lang hinschlagen kann.

Fliesen

Reinigen Sie Fliesen nicht mit Scheuermittel, das kann unschöne Kratzer geben. Normalerweise reicht ein Essigreiniger. Alternativ können Sie auch erwärmten Essig in eine Sprühflasche füllen und ihn auf die Fliesen sprühen und kurz einwirken lassen.

Falls noch Energie übrig ist

Klobürstenständer und Mülleimer abwaschen oder zumindest abstauben. Das macht gleich auf den ersten Blick einen sauberen, gepflegten Eindruck.

Die KÜCHE

Meistens wird in der Küche nicht nur gekocht, sondern auch gegessen, gefeiert, telefoniert und Zeitung gelesen. Hier für ein wenig Sauberkeit und Übersichtlichkeit zu sorgen, ist darum besonders wichtig. Gleichzeitig ist das Sauberhalten der Küche eine besondere Herausforderung: Kochdünste sorgen für das Verkleben der Schränke und Arbeitsflächen, Brotkrümel verteilen sich über Tische und Bänke, Soßenkleckse und diverse Speisereste finden sich in den unmöglichsten Ecken.

Woher wissen Sie das?

Täglich

Räumen Sie den Esstisch nach jeder Mahlzeit ab und wischen Sie ihn ab. Man macht es sich am besten zur Gewohnheit, direkt nach dem Kochen aufzuräumen: Schmutziges Geschirr wird gleich abgespült oder verschwindet in der Spülmaschine, Arbeitsflächen und Küchengeräte werden gereinigt. Ganz wichtig ist es, nach der Verarbeitung von Fleisch,* Fisch und Eiern die Arbeitsfläche gleich mit heißem Spülwasser zu reinigen und den Lappen danach nicht mehr zu benutzen.

an die Verarbeitung von Fleisch in meiner Küche denke ich nicht gerne zurück ...

Hilfreich ist es, wenn Sie parallel zum Kochen schon ein wenig aufräumen: Benutzte (Koch-)Löffel, Messbecher, Schüsseln, Teller usw. entweder in heißem Wasser einweichen oder gleich in die Spülmaschine räumen. Ist nach dem Essen alles gespült, Arbeitsflächen, Wandfliesen, Herd und Spüle mit einem Schwamm und sauberem Spülwasser abwaschen.

Wöchentlich

Falls Sie zwischendurch in einem halb gefüllten Truthahn gesteckt haben, empfiehlt sich ein Vollbad.

Wischen Sie die Küchenfronten mit einem Gemisch aus vier Litern warmem Wasser und einem Spritzer Neutralreiniger. Sie können die Lösung auch in eine Sprühflasche füllen.

das macht auch gleich mehr Spaß

Auch der Küchenboden sollte mit Wasser in Berührung kommen. Wenn Sie am liebsten auswärts essen und Ihre Küche nur morgens zum Kaffeekochen betreten, entscheiden Sie nach Bedarf, wann das nötig ist. Die meisten gefliesten Küchenböden halten einer energischen Behandlung mit dem Schrubber stand. Einen Spritzer Spülmittel oder Neutralreiniger ins Putzwasser geben und loslegen, dabei in Richtung Tür arbeiten, damit Sie nicht mehr über den frisch geputzten Boden laufen müssen.

Da Wasser bekanntlich nach unten tropft, ist das jetzt sowieso schon der Fall!

Gönnen Sie sich mindestens einmal die Woche frische Spül- und Geschirrtücher. Leeren Sie regelmäßig den Abfalleimer, spätestens, wenn er anfängt zu müffeln oder wenn der Deckel nicht mehr schließt. Suchen Sie außerdem im Kühl- und Gefrierschrank nach abgelaufenen oder verschimmelten Lebensmitteln und entsorgen Sie sie sofort: Die machen einfach keine Freude, je älter, desto schlimmer.

Ich hebe lieber alles auf. Man weiß nie, was man noch gebrauchen kann, wenn plötzlich Gäste kommen!

Immer mal wieder

Entkalken Sie regelmäßig Ihren Wasserkocher. Das spart Energie und verlängert die Lebenszeit der Geräte.* Dazu Wasserkocher füllen, einen guten Schuss Essigessenz zugeben, das Ganze aufkochen und (über Nacht) stehen lassen, dann gründlich ausspülen und mindestens einmal Wasser aufkochen und wegschütten.**

* Außerdem machen die Dinger dann weniger Lärm.

Widmen Sie sich außerdem ab und zu dem Innenleben von Küchenschränken und -schubladen:*** Nacheinander ausräumen, aussaugen, auswischen, nachwischen und gut trocknen lassen. Einmal im Monat sollte der Mülleimer mit Seifenlauge oder Essigwasser ausgewaschen werden.

*** Man kann dort lang vermisste Sachen finden und sehr interessante Lebewesen beobachten.

** Ausspülen darf man nicht vergessen. Tee mit Kalk-Essig-Aroma ist so ziemlich das Schlimmste, was ich je getrunken habe. Obwohl: Essig mit Zucker ist auch nicht viel besser.

CHEF BEAN

Putzpläne für ALLTAG und NOTFALL

Am Ball bleiben heißt die Devise im Putzalltag. Wer immer wieder ein bisschen was macht, hat letztlich weniger zu tun als Freunde des sporadischen Großreinemachens.

Was jeden Tag zu tun ist

- Betten machen
- Gebrauchte Kleidung aufräumen, eventuell zum Lüften aufhängen, Schmutzwäsche in den Wäschekorb
- Arbeitsbereich in der Küche und Herd abwischen (falls dort gekocht wurde)
- Küchenfußboden fegen oder saugen
- Mülleimer leeren *geht schnell und einfach durchs Fenster*
- Aufräumen *was denn aufräumen? Bei mir befindet sich immer alles an seinem Platz.*
- Abwaschen
- Toilette putzen *Bitte nicht!!!*

Was einmal in der Woche anfällt

- Küche putzen
- Bad inklusive Toilette putzen *Bitte nicht!!!*
- In allen Zimmern Staub wischen und Fußböden saugen bzw. fegen und wischen
- Bettwäsche und Handtücher wechseln

Bettwäsche einmal die Woche???

20

Wenn es plötzlich sehr schnell gehen muss

Das kennt wohl jeder: Zu Hause sieht's aus wie bei Hempels unterm Sofa, und plötzlich kündigen sich kurzfristig unerwartet Gäste an. Doch auch für solche Probleme gibt es Lösungen: Mit dem folgenden Notfallprogramm sieht Ihre Wohnung im Handumdrehen einigermaßen präsentabel aus.

- Müll rausbringen und lüften. *im Notfall Duftkerzen anzünden oder Parfum versprühen*

- Mit einem Wäschekorb oder einer großen Tüte einen Rundgang durch die Wohnung machen und alles hineinwerfen, was stört (von der Sonntagszeitung bis zu herrenlosen Socken), und ab damit in einen Raum, den die Gäste garantiert nicht zu sehen bekommen. *Und wenn man nur einen Raum hat?*

- Zustand der Toilette überprüfen,* durchs Waschbecken und über die Armaturen wischen, Ablage aufräumen. Für frisches Gästehandtuch sorgen und übrige Handtücher ordentlich aufhängen. *Gäste, ich höre immer Gäste?!*

  * Bitte nicht!!!

- (Hoffentlich leere) Spülmaschine beladen oder im schlimmsten Fall Spülberg in einen Wäschekorb räumen und unter die Spüle/auf den Balkon/in den Keller/ins Schlafzimmer (Müllsack unterlegen) verbannen.

  Da würde mir schon was einfallen. Diese Gäste sind ja meistens nicht besonders helle, und darum fällt ihnen gar nicht auf, wenn sie gemütlich auf einem Spülberg sitzen.

- Tische abwischen und Teppiche glatt ziehen, Fussel und Krümel so gut wie möglich aufklauben, eventuell mit dem Akkusauger arbeiten.

- Im Wohnzimmer Möbel gerade rücken, Kuscheldecken falten, Kissen aufschütteln. *Teddy ordentlich hinsetzen*

- Herumliegende Mäntel und Jacken aufhängen, Schuhe in Reih und Glied aufstellen oder alles im Schlafzimmer verschwinden lassen.

- Schlafzimmertür und Türen zu weiteren Zimmern, die Sie nicht aufgeräumt haben, schließen und aufs Türklingeln warten. *Hände waschen, kämmen, tief durchatmen*

Warum die Panik? Versteh' ich nicht ... Muss doch nicht alles ordentlich sein, wenn jemand kommt. Und selbst wenn ich gerade in einem Truthahn stecke! Irma ist das jedenfalls egal.

WÄSCHE waschen

* hilfreich hierbei: Unterhosen mit Wochentagen darauf markieren

Systematisch trennen

Nehmen Sie sich die Zeit, Ihre Kleidung vor dem Waschen sorgfältig zu sortieren* und zu kontrollieren, sonst haben Sie die Arbeit hinterher und sind stundenlang damit beschäftigt, Wäsche zu entfärben, Tempoflusen vom Lieblingsshirt zu zupfen oder Mini-Löcher zu stopfen, die eine Büroklammer in der Waschmaschine verursacht hat.

Schmutzwäsche

Damit Sie vor dem eigentlichen Waschen die Schmutzwäsche nicht erst langwierig und einzeln von Stühlen, Betten, Böden und anderen Zwischenablagen einsammeln müssen, stellen Sie überall dort Wäschekörbe auf, wo die Schmutzwäsche anfällt. In größeren Haushalten bedeutet das: ein Wäschekorb für jedes Schlafzimmer, eventuell auch für jedes Bad.

einen für Teddy, einen für mich ...

Richtig sortieren

Die grundsätzliche Strategie für das Sortieren dürfte bekannt sein: Weiße Wäsche kommt bei 60 °C und 40 °C in die Maschine, die Buntwäsche, unterteilt in hell und dunkel, wäscht man bei 30-40 °C, Feinwäsche bei 30 °C. Trennen Sie aber am besten auch Natur- und Synthetikfasern, denn synthetische Fasern nehmen leicht Farbe an, während gerade stark gefärbte Naturfasern ihrerseits Farbe abgeben.

Würde ich das tun, hätte ich pro Waschgang ungefähr ein Teil. Aber es ist schön, dass Sie das Sortieren so ernst nehmen. Sortieren ist das halbe Leben.

Gut kontrollieren

Gewöhnen Sie sich an, die Wäsche sorgfältig durchzusehen, bevor Sie sie in die Waschmaschine stecken: Leeren Sie die Taschen, entfernen Sie vergessene Accessoires, schließen Sie Reißverschlüsse und Knöpfe.*Halten Sie außerdem nach Flecken Ausschau, die der Vorbehandlung bedürfen - häufig ist es deutlich schwerer oder sogar unmöglich, sie nach dem Waschen herauszubekommen. Löcher und Risse stopft man ebenfalls vor dem Waschen, denn durch das Herumwirbeln in der Trommel werden sie leicht größer oder irreparabel. Nähen Sie auch locker sitzende Knöpfe vor dem Waschen an, sie könnten sonst verloren gehen.

*Ich sehe das nicht so eng. Wenn es sein muss, kann man ruhig auch die Fußmatte mitwaschen oder einen Lampenschirm.

Waschmittelkunde

Im Prinzip benötigen Sie nur drei Waschmittel: ein Vollwaschmittel für Weißes, ein Colorwaschmittel für alles Bunte und ein Feinwaschmittel für Wolle und Seide.*Bei hartem Wasser können Sie etwas mehr Waschpulver verwenden oder zusätzlich Wasserenthärter hinzufügen. Die Dosierungen beziehen sich immer auf eine Trommelfüllung (dann ist oben in der Trommel nur noch eine Handbreit Platz). Ist die Waschmaschine nicht voll, braucht man entsprechend weniger. Am besten gibt man das Waschmittel in einer Kugel direkt in die Trommel. Schütten Sie das Waschmittel aber nicht direkt auf die Wäsche: Unter Umständen verteilt es sich dann nicht richtig.

* Ach!? Ich bin bisher prima mit einem Stück Kernseife ausgekommen, das ich mit der Reibe fein geraspelt habe.

Ich wasche nur im Waschsalon. Dazu markiert man am besten seine Wäsche. Ich schreibe zum Beispiel „BEAN, MR." rein. Und ich passe gut auf, dass nichts vertauscht wird. Meistens.

BÜGELN

* Kommt darauf an, wie man es angeht. Wenn man sich gründlich darauf herumwälzt, ist er gleich deutlich niedriger.

Die Abarbeitung eines Bügelbergs ist eine leidige Aufgabe.*
Doch es gibt ein paar Strategien, den Berg auch ohne Bügeln
signifikant zu verkleinern und den verbleibenden Hügel leichter zu bewältigen.

Bügelhügel?

Bügelprävention

Bügelmuffel setzen auf pflegeleichte Eleganz und trocknen
Hemden auf dem Bügel - vieles muss dann gar nicht mehr
unters Eisen. Kleinere Falten verschwinden, wenn Sie die Wä-
schestücke im Bad aufhängen, wo die Feuchtigkeit als Glatt-
macher wirkt. Leichte Shirts verlieren kleine Knitterfalten
beim Tragen, und Handtücher streicht man glatt und legt sie
ordentlich in den Schrank, Bettwäsche ebenfalls. Und Jeans
sehen gebügelt sowieso bescheiden aus.

was ist denn das???

Bügelfehler

Damit Sie mit den Bügelmühen keinen Schaden anrichten,
sollten Sie diese Regeln beachten: Führen Sie das Bügeleisen
immer in Richtung des Fadenlaufs, kreuz und quer bügeln
verzieht das Gewebe. Ebenfalls abzuraten ist vom Aufbü-
geln getragener Kleidung: Die Bügelhitze brennt Flecken und
Schweißrückstände förmlich in das Gewebe ein, sodass man
sie nicht mehr rausbekommt. Reißverschlüsse und Knöpfe
immer schön umbügeln, das Metall könnte die Bügelsohle
verkratzen, Knöpfe könnten unter der Hitze schmelzen.*
Generell wichtig: Drücken Sie nicht zu fest.** Das plättet die
Fasern, und verstärkte Stellen wie Taschennähte zeichnen
sich unschön ab. Ein Bügeltuch verhindert, dass empfindliche
Fasern wie zum Beispiel Wolle nach dem Bügeln glänzen. Da
frisch gebügelte Wäsche leicht knittert, sollten Sie jedes Klei-

** Und drücken Sie auf nichts anderes als Wäsche!
Vermeiden Sie jeden Hautkontakt!

Praktische Bügeltipps

- Viel Arbeit können Sie sich ersparen, wenn Sie auch Bügelwäsche nach
dem Trocknen ordentlich zusammenlegen, statt sie wild zu stapeln.

- Das Bügelbrett stellt man auf
Hüfthöhe ein. Beginnen Sie Ihre Bü-
gelpartie mit Stücken, die bei niedri-
gen Temperaturen geglättet werden
müssen, und arbeiten Sie sich zu den
höheren Temperaturen vor. Dann
muss man zwischendurch nämlich
nicht warten, bis sich das Bügeleisen
abgekühlt hat.

- Baumwolle und Leinen werden
makellos, wenn man sie in feuchtem Zustand bügelt, darum entweder
bügelfeucht von der Leine oder aus
dem Trockner nehmen oder vor dem
Bügeln befeuchten.

- Sie können die Bügelwäsche auch
leicht mit Wasser besprühen. Wenn
Sie warmes Wasser verwenden, geht's
noch schneller.

* Was hier gar nicht erwähnt wird: Lassen
Sie das Bügeleisen nicht unbeaufsichtigt
auf einem Wäschestück stehen!

dungsstück aufhängen oder zusammenlegen - und nicht über den Stuhl hängen.

Hemden bügeln - so geht's

Hemden bügeln ist ein bisschen mühsam, aber für den gepflegten Herrn unerlässlich.* Viele Reinigungen bieten einen Bügelservice an, aber für den Notfall sollte man gerüstet sein und auch mal selbst zum Eisen greifen können.

1. Das Hemd sollte bügelfeucht sein. Notfalls noch einmal einsprühen. Zuerst bügelt man die Kragenunterseite. Dabei hängt das Rückenteil nach vorn herunter.

2. Im Anschluss die Passe von rechts bügeln. Das geht leichter, wenn man sie über die Spitze des Bügelbretts zieht.

3. Nun die Manschette des rechten Ärmels erst von innen bügeln (dabei Über- und Untertritt des Schlitzverschlusses nicht vergessen), dann von außen.

4. Rückseite des rechten Ärmels so hochlegen, dass die Ärmelnaht parallel zur Bügelbrettkante liegt. Von der Manschette aus entlang der Ärmelnaht bis zur Schulternaht bügeln und von der Schulter zur Manschette in die Kräuselfalten hinein. Ebenso verfahren Sie mit der Vorderseite des rechten Ärmels. Dann das Hemd umdrehen und den linken Ärmel genauso bügeln. Wer rundgebügelte Ärmel vorzieht, arbeitet bei diesem Schritt mit einem Ärmelbügeleisen.

5. Im nächsten Schritt bügelt man die Innenseite der Knopflochleiste, die Kragenoberseite und die Innenseite der Knopfleiste. Eventuelle Taschen werden ebenfalls von innen gebügelt.

6. Nun das Hemd so wenden, dass Sie die Vorderseite von rechts bügeln können. Knöpfe vorsichtig mit der Bügeleisenspitze umfahren. Gebügeltes Vorderteil nach hinten über die Bügelbrettkante schieben, Rückenteil und anschließend linkes Vorderteil bügeln.

7. Hemd auf einen Bügel hängen, obersten Knopf schließen und auslüften lassen.

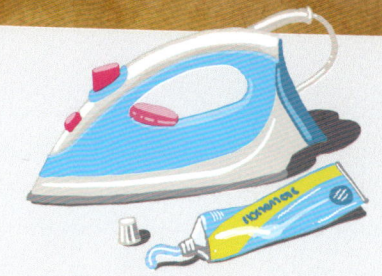

dem stimme ich voll und ganz zu.

die Sprühflasche mit Essigwasser habe ich ja noch vom Badputzen.

dabei nicht zu weit in den Ärmel hineinfahren, sonst finden Sie nicht wieder hinaus

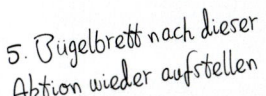

5. Bügelbrett nach dieser Aktion wieder aufstellen

Ich mach es mir da ganz einfach! Eine braune Hose und ein beiges Jackett, das ist meine Garderobe. Sieht immer schick aus. Und macht wenig Arbeit.

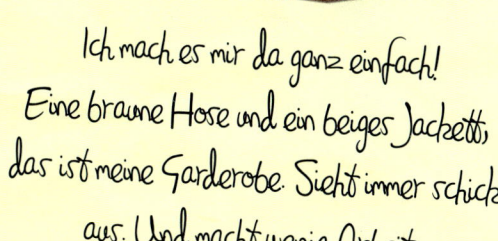

HEIMWERKEN

Selbst ist der Mann! Es fühlt sich einfach gut an, wenn man ~~ab und an~~ *immer* zum Werkzeug greifen und etwas reparieren, verschönern oder im wahrsten Sinne „aufmöbeln" kann. Ob im Haushalt, am Fahrrad, beim Streichen oder auch nur bei einem fehlenden Knopf am Jackett - der Teufel steckt oft im Detail. Finden Sie hier heraus, wie Sie zum perfekten Heimwerker und Handarbeiter werden.

HAUSTECHNIK

Ein paar grundlegende Dinge über die Versorgungssysteme in Ihrem Haushalt zu wissen, ist definitiv von Vorteil. So erkennen Sie Notfälle, um unter Umständen selbst zu handeln oder den Fachmann zurate zu ziehen.

der Fachmann bin ich selbst – in fast allen Bereichen!

Heizung

Gas- und Ölheizungsanlagen müssen einmal im Jahr gewartet werden. Vereinbaren Sie einen Termin mit einem Fachmann,* solange die kalte Jahreszeit noch nicht begonnen hat. Falls Sie mit Gas heizen, lassen Sie sich genau zeigen, wo sich der Hauptgashahn befindet und wie man ihn zudreht. Diese Information ist im Notfall** sehr wichtig. Überdies ist der Wartungstermin eine gute Gelegenheit, sich Tipps für den energiesparenden Betrieb der Heizungsanlage zu holen.

* wie gesagt: einen Fachmann brauche ich für solche Dinge nicht unbedingt

** Notfall bedeutet Gasexplosion?!?

Sparsam heizen

Zum Aufheizen eines Raumes sollte man Thermostatventile nie ganz aufdrehen, sondern auf die gewünschte Raumtemperatur einstellen. Das Thermostat öffnet die Leitung dann so lange, bis die gewünschte Temperatur erreicht ist. Wenn die Heizkörper gluckern, müssen sie entlüftet werden. Dazu Heizung aufdrehen und Entlüftungsventil öffnen. Nun kann die Luft aus dem Heizkörper entweichen. Sobald Wasser aus dem Ventil kommt, schließen Sie es wieder.

Da das Wasser warm ist, können Sie sich bei der Gelegenheit einen Tee zubereiten!

Elektrizität hat es in sich. Den einen stehen davon nur die Haare zu Berge. Andere stehen plötzlich in der Unterhose da. Tz!

Wasserversorgung

* das ist nicht nötig!

Auf jeden Fall sollten Sie wissen, wo der Haupthahn ist und wie man Waschmaschine, Spülmaschine, Toilette und weitere Installationen von der Wasserzufuhr abschneidet, vor allem, wenn Sie sich selbst an die Reparatur wagen. Im Prinzip kann man mit Rohrzange, Schraubenschlüssel und Isolierband eine Menge selbst richten, doch bevor Sie sich ans Werk machen, sollten Sie sich genau informieren*- entweder in der bunten Welt der Ratgeberliteratur,** in einem Handwerkerkurs an der Volkshochschule oder im Baumarkt.

*** das tue ich ja hiermit, aber ich bin nicht sicher, ob das wirklich hilfreich ist*

Strom

Die Strominstallation ist im Normalfall deutlich wartungsärmer als die Wasser- und Gasinstallationen. Gibt's Probleme mit dem Strom, ist meist ein Endgerät - von der Spülmaschine bis zur Glühbirne - schuld. Darum sollten Sie immer ein wachsames Auge auf Ihre Elektrogeräte haben.* Schon kleine Fehlfunktionen können zu Kurzschlüssen oder sogar Bränden führen. Nehmen Sie schadhafte Geräte darum sofort vom Netz und überprüfen Sie, ob die Sicherung noch aktiviert ist (dazu müssen Sie natürlich wissen, wo der Sicherungskasten ist). Die einzelnen Sicherungen im Sicherungskasten sollten immer eindeutig beschriftet sein, sodass man sie den verschiedenen Stromkreisen im Haushalt zuordnen und diese gezielt unterbrechen kann, etwa zum Anbringen einer Lampe.

* Ich beobachte mein Radio grundsätzlich den ganzen Tag. Tz!

29

Vom sicheren Umgang mit Strom

Dass Strom und Wasser sich nicht vertragen, ist eigentlich hinlänglich bekannt. Seien Sie also vorsichtig, wenn Sie im Bad und in der Küche mit elektrischen Geräten hantieren. Nehmen Sie außerdem elektrische Geräte unbedingt vom Netz, bevor Sie sie reinigen. *

- Gefährlich und Ursache Nummer 1 für Zimmerbrände ist auch die Überlastung von Mehrfachsteckdosen: Eine Steckdose mit drei Eingängen ist auch nur für drei Geräte vorgesehen und nicht für eine unübersichtliche Reihenschaltung diverser Mehrfachsteckdosen mit einer Vielzahl von Endgeräten. In einem solchen Fall werden Mehrfachsteckdosen und Kabel warm und können die Inneneinrichtung in Flammen aufgehen lassen.

- Ein Kabel darf sich grundsätzlich nie warm anfühlen: Wenn das der Fall ist, müssen Sie sofort den Stecker ziehen.

- Dass der Stand-by-Betrieb von Elektrogeräten immens viel Strom verbraucht, ist bekannt: Darum Geräte immer ganz ausschalten oder, falls das nicht möglich ist, Stecker mit Ein-/ Ausfunktion zwischenschalten oder Stecker bei Nichtgebrauch rausziehen. Und wenn Sie ein neues Gerät kaufen, sollten Sie darauf achten, dass man es per Knopfdruck von der Stromversorgung trennen kann.

* Feuchte Geräte am besten gleich auf die Leine hängen!

Neuer Anstrich für
ALTE MÖBEL

Ich kaufe keine Möbel auf dem Flohmarkt, Flöhe kann ich nicht leiden. Ich gehe lieber direkt zum Baumarkt.

Eine Dose Lack, etwas Fingerspitzengefühl und ein paar Stunden Arbeit machen es möglich: Alte Möbel mit Gebrauchsspuren oder etwas heruntergekommene Fundstücke vom Flohmarkt werden wieder ansehnlich. Das Schöne ist, dass man dabei den Farbton ganz nach dem eigenen Geschmack aussuchen kann. So geht's:

1. Lack aussuchen

Wählen Sie zunächst den Lack aus. Am besten geeignet für den Innenbereich und Möbel ist Acryllack. Er ist wasserbasierend und damit umweltfreundlich, weswegen man ihn im Wohnbereich unbedenklich einsetzen kann. Außerdem trocknet er sehr schnell. Da er außerdem stoß- und schlagfest ist und man ihn auch der Witterung aussetzen kann, kann man ihn auch für Möbel verwenden, die draußen stehen. Der Vorteil von 2-in-1-Lacken ist, dass die Grundierung bereits enthalten ist und Sie sich einen Arbeitsschritt sparen. Nun gilt es, die Farbe auszusuchen: Wer die Wahl hat, hat die Qual.

Ich nehme blau! Nein, gelb! Oder rot?

Erklären Sie Teddy, dass er eine Weile nur zuschauen darf.

2. Vorbereitung

Decken Sie zunächst den Arbeitsbereich ab. Sorgen Sie dafür, dass der Untergrund Ihres Möbelstücks trocken, sauber und fettfrei ist, denn nur auf einer angerauten Oberfläche hält der Anstrich. Das erreichen Sie, indem Sie die Oberfläche zunächst mit Schleifpapier (mit 120er Körnung) abschleifen. Beim Schleifen entsteht Staub, also müssen Sie alles sorgfältig abstauben*und reinigen, bevor es mit dem Lackieren beginnen kann. Falls es Scharniere oder Schrauben gibt, montieren Sie sie ab.

Bei Kunststoffmöbeln mit sehr glatten Oberflächen streichen Sie am besten mit einer haftvermittelnden Grundierung vor.

MOUSE TRAP © Mr. Bean

Invented by Mr. Bean (of London)

gut, dass hier schon erklärt wurde, wie man einen Staubsauger benutzt!

3. Das richtige Werkzeug

Für Acryllacke nehmen Sie besser nur Pinsel mit Kunststoffborsten. Bei der Arbeit mit Kunstharzlacken hingegen sind Pinsel aus Naturborsten zu empfehlen. Größere Flächen gelingen am besten mit Lackrollern aus Schaumstoff, weil sie damit einheitlicher und feiner werden.*Einen Pinsel direkt in die Lackdose zu tauchen, ist kein Problem. Ein Klebestreifen, quer über die Dosenöffnung geklebt, kann zum Abstreifen dienen. Bei einem Lackroller nehmen Sie besser gleich noch eine kleine Lackwanne hinzu.

Oder mithilfe der Bean'schen Farbexplosion, siehe vorherige Seite

4. Nun kommt Farbe ins Spiel

Beginnen Sie immer an einer Ecke und arbeiten Sie sich von dort zur nächsten. Man streicht grundsätzlich in Richtung der Maserung.*Wie beim Malern von Wänden gilt das Prinzip „nass in nass". Vermeiden Sie es, dass halbfertige Flächen schon trocknen. Die Ränder wären später immer zu sehen. Zu viel Lack sollten Sie auch nicht verwenden, damit keine „Nasen" entstehen. Lackieren Sie für ein optimales Ergebnis zweimal.

Masern? Ich bin geimpft.

Ein Zimmer STREICHEN

* An diesen schönen Tag erinnere ich mich immer noch sehr gut!

FARBWELTEN

BLAU wirkt beruhigend, mildert Nervosität, Unruhe und Schlafstörungen. Blau und Blaugrün als Farben des Wassers und Eises werden aber auch als kühl empfunden. *Schlotter*

GELB ist eine warme Farbe, mit der man Licht und Sonne assoziiert. Gelb steht ebenso für Kreativität und wachen Verstand. *Das ist etwas für mich!*

ORANGE ruft automatisch ein Gefühl von Wärme, Gemütlichkeit und Geborgenheit hervor. Es hat angeblich auch einen günstigen Einfluss auf Störungen der Befindlichkeit. *

GRÜN ist die Farbe der Natur, der Schöpfung und der Hoffnung. In Grüntönen gehaltene Räume wirken auf den Menschen entspannend und ausgleichend. *Das wäre vielleicht etwas für Irma ...*

Muh!

ROT als das Symbol für Leben steht ganz allgemein für Vitalität und ist damit eine starke Farbe. Sie birgt aber auch die Gefahr, aggressiv zu machen. *Grrr!*

* Orangen rufen bei mir ein Gefühl von Weihnachten hervor.

Irgendwann wird es einfach Zeit. An der alten Farbe hat man sich satt gesehen, und es wird Zeit für frischen Wind in der Wohnung. Vielleicht zwingen Risse, Flecken und Löcher von alten Nägeln auch dazu. Wann wurde bei Ihnen zum letzten Mal renoviert? Vielleicht versuchen Sie es diesmal einfach selbst?

1. Vorbereitung

Ach, das ist nicht nötig. Ich umwickele einfach alles mit Zeitungspapier, das ist einfacher.

Bevor es losgeht, müssen Möbel, Fußleisten, Fenster, Türen und der Boden vor Farbklecksen geschützt werden. Leichtere Möbel räumt man besser ganz aus dem Zimmer. Große Möbel schieben Sie in die Raummitte und decken sie mit Malerfolie ab. Kleben Sie alle nicht zu streichenden Teile mit Kreppband ab, und decken Sie Abdeckvlies über den gesamten Boden. Darauf läuft es sich deutlich besser als auf dünner Folie. Steckdosen und Schalterabdeckungen schrauben Sie nach dem Abstellen der Spannung ab.

Ich finde Pinselränder um Steckdosen eigentlich recht apart.

2. Säubern

Leimfarben müssen Sie richtig entfernen, denn darauf haftet kein neuer Anstrich mit Dispersionsfarbe. Staub auf den Wänden muss gründlich abgekehrt werden. Schwingen Sie den Besen! *Vielleicht kann ich auch einfach bei Sturm das Fenster öffnen?*

3. Es wird ernst

Um die Farbe gleichmäßig auf die Wand aufzutragen, rollen Sie die aufgenommene Farbe auf einem Abstreifgitter aus. Erst dann beginnen Sie mit dem Streichen. Auf diese Weise ist die Farbrolle gleichmäßig mit Farbe beladen, und Sie können sie gleichmäßig auf die Wand auftragen.

Dabei fällt mir ein: Wenn gerade kein Pinsel zur Hand ist, kann man auch den Teddy auf einen Pinselstiel stecken. Obwohl ich zugeben muss, dass ich damit nicht weit gekommen bin.

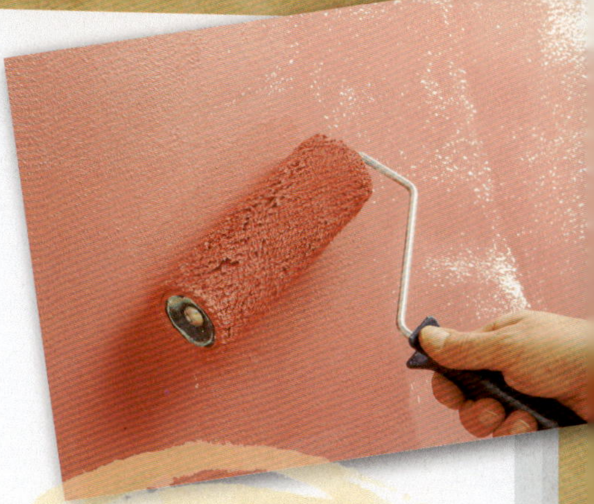

4. Das Schwierige zuerst

*Bedenken Sie dabei, dass Farbe von oben nach unten tropft. Oh Mann!

Beginnen Sie an der Decke.* Alle Kanten und Übergänge werden mit einem Flachpinsel vorsichtig vorgestrichen. Probieren Sie aus, wie der Pinsel am glattesten läuft, damit die Kanten möglichst glatt werden.

5. Jetzt das große Ganze

Gehen Sie nun zu den Flächen über und bearbeiten Sie sie mit der Farbrolle. Die Vorarbeiten mit dem Pinsel sollten zwischendurch nicht antrocknen. Man nennt das nass-in-nass arbeiten. *Ich bin auch schon ganz nass von der Farbe!*

6. Die Wand streichen

Der erfahrene Maler* beginnt in einer Ecke und arbeitet sich von unten nach oben. Achten Sie darauf, dass Sie die Rolle immer gleichmäßig befüllen und nicht auf der Wand ausdrücken. Nach drei bis vier Rollenbahnen nehmen Sie neue Farbe auf. So sollte ein gleichmäßiger Anstrich entstehen.

und der unerfahrene?

7. Nachbereitung

Wenn Sie fertig sind oder für längere Zeit unterbrechen wollen, stecken Sie die Streichwerkzeuge in einen Plastikbeutel und verschließen ihn luftdicht. Säubern Sie den Farbeimer am Deckelrand und gießen Sie etwas Wasser auf die Farbe, damit keine Haut entsteht. Alle Pinsel und Streichwerkzeuge unter fließendem Wasser reinigen und sorgfältig trocknen lassen.

Mein Tipp: Hart gewordene Pinsel kann man mit dem Hammer weich klopfen.

SO GEHT'S: Eine Lampe anschließen

* Irma hat oft angeboten, mir zu helfen, aber bislang habe ich immer abgelehnt.

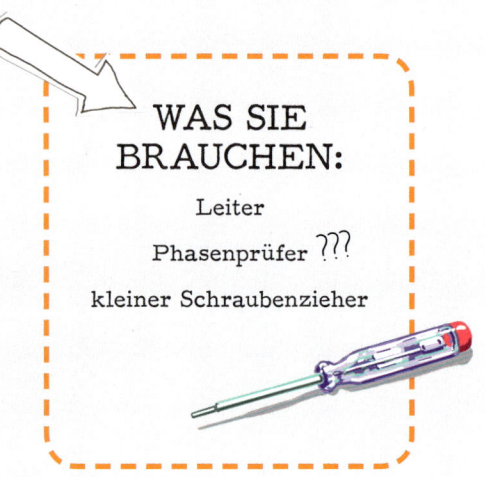

WAS SIE BRAUCHEN:

Leiter

Phasenprüfer ???

kleiner Schraubenzieher

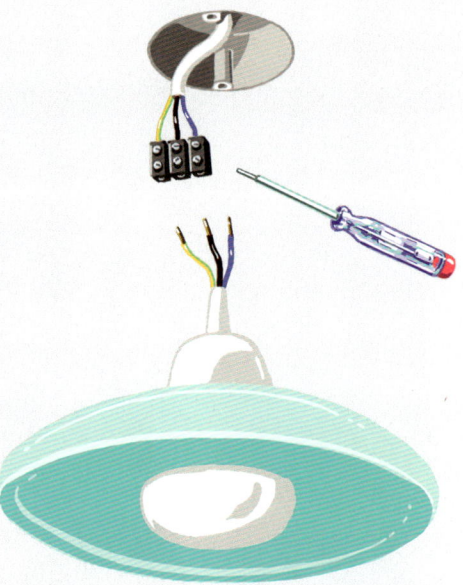

Strom macht vielen Menschen Angst. Das führt oft dazu, dass neu gekaufte Lampen monatelang ein trauriges Dasein fern ihrer eigentlichen Bestimmung fristen, bis jemand aus dem Freundeskreis* sich ihrer annimmt. Dabei ist es ganz einfach und ungefährlich, das Anschließen selbst in die Hand zu nehmen. Wichtig ist nur, dass Sie die Sicherung herausnehmen bzw. ausschalten und damit den betroffenen Stromkreis stilllegen, bevor Sie zur Tat schreiten.

1. Gehen Sie zum Sicherungskasten und legen den Sicherungsschalter für das betreffende Zimmer um. Jetzt dürfte dort kein elektrisches Gerät mehr funktionieren.

Jetzt ist es aber leider auch stockdunkel hier ...

2. Nun brauchen Sie die Leiter. Wenn Sie sich nicht sicher sind, ob Sie tatsächlich den richtigen Sicherungsschalter erwischt haben, halten Sie den Phasenprüfer nacheinander in die Löcher der Lüsterklemme (dabei Finger an den Knopf des Prüfers halten). Leuchtet der Prüfer, war's die falsche Sicherung.

3. Jetzt schauen Sie sich genauer an, wie viele Kabel aus der Leitung an der Decke kommen. Sind es zwei, handelt es sich um eines, das den Strom zur Lampe bringt (und das kann einem einen Schlag versetzen, wenn man die Sicherung nicht ausschaltet), und ein zweites, das den Stromkreis schließt. Das stromführende Kabel ist üblicherweise schwarz oder braun, das den Stromkreis schließende Kabel, der sogenannte Neutralleiter, in der Regel blau. Handelt es sich um drei Ka-

Tipp: Ich hab's! Bevor Sie die Sicherung rausdrehen, zünden Sie eine Kerze an. Oder ein paar mehr.

bel, gesellt sich zu den oben genannten Kabeln noch die Erde, auch Schutzleiter genannt, die als Sicherung dient. Dieses Kabel ist immer grün-gelb gestreift. *"Immer" ist relativ. Bei uns in England ist das anders.*

4. Jetzt werfen Sie einen prüfenden Blick auf Ihre Lampe. Hat sie zwei Kabel, hat sie keine Erde, hat sie drei, hat sie eine Erde (Sie wissen ja, das grün-gelbe Kabel). Haben Sie es mit je zwei Kabeln zu tun, entsprechen deren Farben denen der Leitung in der Decke: blau und schwarz (oder braun). Daher ist's hier ganz einfach: Gleichfarbige Kabel kommen zusammen (im Falle von je einem schwarzen und einem braunen Kabel kommen diese beiden aneinander), also Kabel in entsprechende Löcher der Lüsterklemme, festschrauben, fertig. Ist Ihre Lampe schutzisoliert, besitzt sie kein Erde-Kabel, dann bleibt die aus der Decke kommende Erde frei. Kommen umgekehrt drei Kabel aus der Lampe und aus der Decke nur zwei, bleibt die Erde ebenfalls frei. Steht es drei zu drei, wird die Erde mit der Erde verbunden, und mit den beiden anderen Kabeln verfahren Sie wie gehabt. An die Erde darf immer nur eine Erde angeschlossen werden. Kommen mehr als drei Kabel oder gar nur ein Kabel aus der Decke, wird die Angelegenheit komplizierter, und Sie lassen sich besser von jemandem helfen, der wirklich Ahnung davon hat.

5. Legen Sie nun den Sicherungsschalter um, damit wieder Strom fließt und Sie prüfen können, ob die Lampe auch funktioniert. Danach Lampe so aufhängen, wie Sie sich das wünschen, und freuen. *wünschen kann man sich viel ...*

Erde an Erde! Erde an Erde! Sie können auch mal versuchen, mit der Lampe zu telefonieren.

Phasenprüfer*

Ein Phasenprüfer ist ein kleiner Schraubenzieher mit einer Glimmlampe im Griff, auf dem oben ein kleiner Knopf sitzt. Mit diesem Gerät prüft man, ob Strom auf einer Leitung ist, ohne einen Schlag versetzt zu bekommen. Sie können das an einer funktionierenden Steckdose ausprobieren. Keine Angst, das ist nicht gefährlich. Also, Spannungsprüfer in ein Loch der Steckdose stecken und Finger auf den Knopf halten. Glimmt die Lampe, haben Sie das spannungsführende Kabel erwischt, glimmt sie nicht, ist das das Kabel, das den Stromkreis schließt. Und genauso funktioniert's auch bei den aus der Decke kommenden Kabeln für die Lampe.

* Aah, verstehe!

Kleine REPARATUREN

Im häuslichen Alltag treten immer wieder kleine Probleme auf, die die Wohnung ungepflegt aussehen lassen oder Aufräumbremsen und damit potenzielle Chaosherde sind: Schraube geht nicht rein oder raus, Tür bleibt nicht auf oder zu, Regalbrett zu lang, Tisch wackelt, Schublade klemmt. Ganz häufig kann man sich in diesen Situationen selbst helfen.

Tische und Stühle wackeln

Vermutlich ist ein Bein zu kurz. Hier haben Sie gleich zwei Möglichkeiten: Entweder Sie schneiden einen Korken auf das passende Format zurecht und befestigen ihn mit Kleber am Tischbein oder Sie kaufen sich im Baumarkt Flüssigholz, geben es auf ein Stück Pergamentpapier und verpassen dem zu kurzen Bein ein Fußbad. Wenn das Flüssigholz getrocknet ist, schneiden Sie die überstehenden Ränder mit einer Rasierklinge ab und schleifen das Ganze sauber.

Hilft auch, wenn man selbst ein zu kurzes Bein hat!

Es klemmt

Um festzustellen, wo es an der Tür klemmt, trägt man farbige Kreide auf die Türkante auf[*] und schließt die Tür: Die farbigen Markierungen am Rahmen zeigen, wo das Problem liegt. Nun die Tür entsprechend an den Angeln einstellen. Schiebetüren rutschen wieder, wenn man die Gleitflächen mit Bodenpolitur behandelt.

Schwergängige Scharniere werden wieder gefügig, wenn man die Drehgelenke mit Grafit (Bleistiftmine) behandelt. Dabei das Scharnier vor- und zurückbewegen. Klemmende Schubladen werden wieder beweglich, wenn man die Gleitflächen mit einer weißen Kerze bearbeitet.

[*] Wenn man Lust und Zeit hat, kann man die Tür auch großflächig bemalen.

Brandlöcher im Teppich

Hier gibt's zwei Varianten, eine schnelle, besonders für kleine Löcher auch in gemusterter Auslegware geeignete und eine gründliche, die gut bei größeren Löchern in einfarbigen Teppichen funktioniert: Wer möglichst wenig Aufwand betreiben will, säubert den Rand des Brandlochs mit etwas Scharfem, etwa einer Rasierklinge,* zieht dann mit einer Pinzette vom Brandloch aus einige Fäden raus, gibt Alleskleber in das Loch, legt die Fäden darüber und drückt sie an. Alternativ kann man den Brandfleck mit einem Locheisen ausstechen, aus einem Teppichrest den passenden Flicken ausstechen und mit Alleskleber in das Loch kleben. Dabei unbedingt die Florrichtung berücksichtigen.

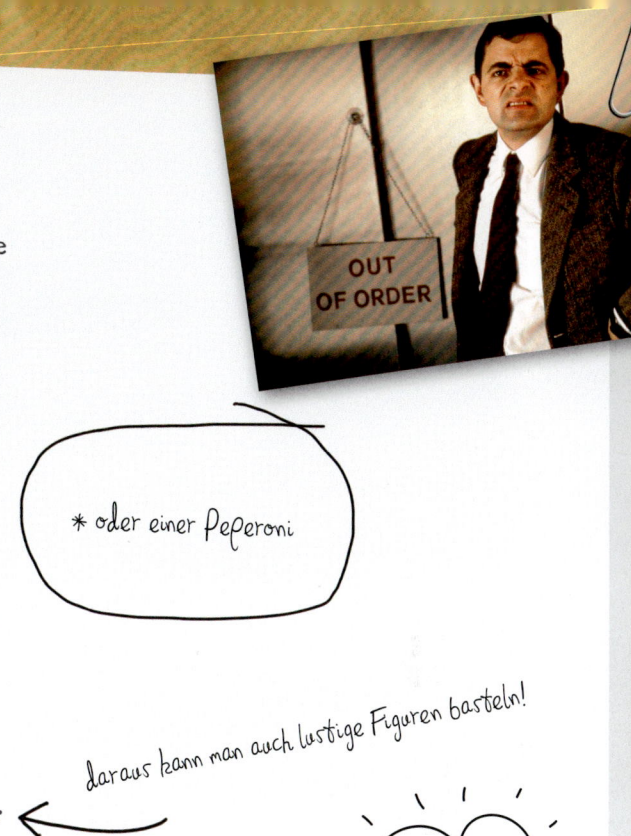

* oder einer Peperoni

Probleme mit Holz(böden)

daraus kann man auch lustige Figuren basteln!

Offene Fugen zwischen den Holzdielen kann man mit Pappmaschee selbst schließen: Zeitungspapier mit Tapetenkleister anrühren, die Masse in die Fugen füllen, trocknen lassen und abschmirgeln. Sehr kleine Brandlöcher im Holz kann man mit Mayonnaise behandeln: Mayonnaise in das Löchlein geben, einwirken lassen und mit einem weichen Tuch nachpolieren. In schwereren Fällen die Brandspuren entfernen, an einer unauffälligen Stelle von Möbel (Unterseite) oder Boden (versteckter Winkel) feine Holzbrösel abschmirgeln und mit farblosem Lack in das Loch streichen.

Über unschöne Dellen in unbehandeltem Holz ein nasses Tuch legen und trocken bügeln. Danach sollten die Dellen verschwunden sein. Damit Sperrholz beim Sägen nicht splittert, klebt man ein festes Klebeband auf die gewünschte Schnittstelle und sägt anschließend durch das Klebeband.

Ach, was, Fachmann befragen. Mach ich selbst. Das richtige Werkzeug, Geduld und Spucke. Und los geht's. Meistens geht's gut.

Mit dem Nagel in die Wand

Nägel schlägt man nicht gerade, sondern leicht schräg in die Wand. Ein Stück Klebeband auf der Wand verhindert, dass der Putz beim Einschlagen ausbricht. Nägel lassen sich leichter in eine Steinwand schlagen, wenn man sie vorher in Öl gelegt hat.* Nägel, die nicht recht halten wollen, umwickelt man mit etwas feuchtem Zeitungspapier und schlägt sie wieder in die Wand. Sobald das Zeitungspapier trocken ist, sitzt der Nagel fest.

Mit dem Bohrer in die Wand

Grundsätzlich schlägt man erst mit einem Nagel ein kleines Loch in die Wand, um vorzubohren und anschließend in der gewünschten Größe richtig zu bohren. Gegen das Abrutschen des Bohrers hilft ein Stück Heftpflaster* auf der Bohrstelle. Um die gewünschte Bohrtiefe sicher zu erreichen, Bohrer mit Klebeband auf der entsprechenden Länge markieren. Wer in die Decke bohrt, stülpt einen leeren Joghurtbecher oder aufgeschnittenen Tennisball als Staubfänger über den Bohrer.

Probleme mit Schrauben

Festgelackte Schrauben lösen sich, wenn man einen Schraubenzieher zum Beispiel über einer Kerze erhitzt, in die Kerbe steckt, abwartet, bis die Schraube auch warm ist, und dann dreht. Festgerostete Schrauben beträufelt man mit Öl, Cola oder Salmiakgeist.* Ohne Bohrer lassen sich Schrauben leichter in Holz drehen, wenn man sie vorher in Neutralseife taucht. Gegen das Abrutschen des Schraubenziehers die Spitze mit Kreide einreiben.

Einzelne Fliesen ersetzen

Schnell ist's passiert: Ein schwerer oder spitzer Gegenstand knallt ungünstig auf den Badezimmerboden und schon ist eine Fliese gesplittert. Haben Sie noch passende Fliesen von der ursprünglichen Renovierung übrig, können Sie versuchen, den Schaden selbst zu beheben: Beschädigte Fliese vorsichtig mit einem Flachmeißel abtragen (ohne dabei die angrenzenden Fliesen zu zerkratzen). Fliesenreste und alten Fliesenkleber gründlich entfernen. Mit einem Zahnspachtel nun neuen Fliesenkleber auftragen, neue Fliese vorsichtig einfügen. Dabei - und das ist unter Umständen langwierig - darauf achten, dass die neue Fliese dieselbe Höhe einnimmt wie die Fliesen drum herum. Wasserwaage benutzen.

Zahnspachtel? Den hätte ich vom Zahnarzt mitbringen können!

Wandlöcher schließen

hätte ich auch vom Zahnarzt mitbringen können ...

Hier gibt es mehrere Möglichkeiten: Wer Spachtelmasse im Haus hat, geht ganz konventionell vor. Schlecht organisierte Heimwerker schließen kleine Bohrlöcher mit (weißer) Zahnpasta oder zwirbeln ein Stück Papiertaschentuch zusammen, befeuchten es und stopfen es in das Loch. Überstehendes Papier so abreißen, dass noch ein ca. 3 mm langer Zipfel aus dem Loch schaut, und mit dem Hammer festklopfen.

* kommt darauf an, was man sich zutraut. Ich kann auch Zahnreparaturen an mir durchführen, falls mein Zahnarzt gerade nicht verfügbar ist (warum auch immer) und ich es eilig habe.

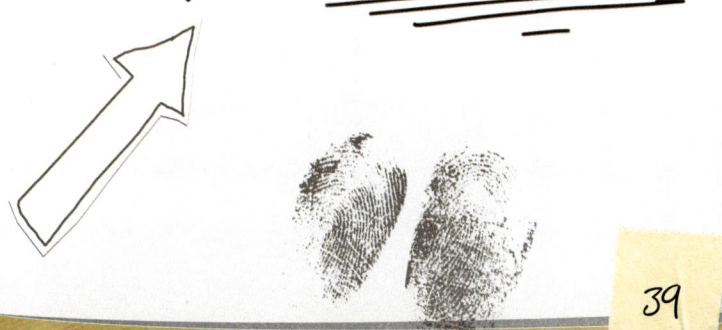

TIPP

Es kann in der Tat viel Geld sparen, kleine Reparaturen selbst vorzunehmen, anstatt teure Handwerkerrechnungen zu bezahlen. ABER: Reparieren Sie nur, was Sie sich auch wirklich zutrauen, sonst wird's am Ende teurer ... Reparaturen an Großgeräten wie Waschmaschine, Mikrowelle oder Spülmaschine sollten Sie Fachleuten* überlassen. Bei allem anderen können Sie auch Freunde um Rat, Hilfe oder auch nur besseres Werkzeug bitten. Sollte schon absehbar sein, dass bestimmte Arbeiten immer wieder auf Sie zukommen werden - z. B. wenn Sie viele alte Möbel besitzen,** die Sie nach und nach überarbeiten möchten, oder wenn Sie den Fußboden in allen Zimmern erneuern wollen -, besorgen Sie sich vorher Informationsmaterial, passendes Werkzeug und machen Sie am besten einen entsprechenden Kurs an der Volkshochschule. Auch Baumärkte bieten dies inzwischen vermehrt an.

** Woher wissen Sie das schon wieder?

REIFEN oder SCHLAUCH wechseln

Schnell ist es passiert: Man fährt über Glasscherben, Nägel oder einfach zu oft über Bordsteine: Plattfuß! Manchmal muss man noch nicht einmal dabei sein und findet das Malheur vor, wenn man gerade losfahren will. Will man den Schaden selbst beheben, muss zunächst der Reifen ausgebaut werden. *Oder Sie nehmen sich einfach ein neues Fahrrad, wenn Sie eins finden. Wichtig dabei: Lassen Sie sich nicht erwischen.*

Bei einigen Felgen reicht ein starker Druck mit dem Daumen, um den Reifen von der Felge zu schieben. In der Regel benötigt man jedoch einen Reifenheber, um damit den Reifen über den Rand der Felge zu heben.

1. Zuerst müssen Sie das entsprechende Rad ausbauen.

2. Führen Sie den Reifenheber zwischen Reifen und Felge.

3. Liegt die Spitze des Reifenhebers unter der Reifenflanke, benutzen Sie die Felge als Widerlager* und hebeln Sie den Reifen auf die Außenseite der Felge. *Was ist das? Sie haben vielleicht Ausdrücke.*

4. Führen Sie den Reifenheber an der Bremsflanke der Felge entlang, um den Reifen komplett auf die Außenseite zu heben.

Es ist möglich, dass der Reifen zu stramm auf der Felge sitzt, um ihn mit nur einem Reifenheber zu entfernen, dann arbeiten Sie am besten mit 2 Reifenhebern.

1. Klemmen Sie den ersten Reifenheber mit dem dafür vorgesehenen Haken an einer Speiche fest.

2. Führen Sie den zweiten Reifenheber zwischen Reifen und Felge.

3. Hebeln Sie, wie beim Arbeiten mit einem Reifenheber beschrieben (Schritt 2), den Reifen auf die Außenseite der Felge. Führen Sie den Reifenheber an der Bremsflanke der Felge entlang, um den Reifen komplett auf die Außenseite zu heben.

4. Ist die eine Flanke des Reifens komplett auf die Außenseite der Felge gehoben, kann der Schlauch entnommen und ausgetauscht werden.

Anders gesagt: Doppelt gemoppelt hält besser! Und wenn ich ihn dann immer noch nicht abbekomme?

TIPP

Keinesfalls sollten anstelle der Reifenheber Schraubendreher oder ähnliche Werkzeuge verwendet werden, da dies zu Beschädigungen an Schlauch, Reifen und Felge führen kann. *

Soll der Schlauch geflickt werden, untersuchen Sie zuerst den Reifen auf Fremdkörper. Ein im Reifen verbliebener Fremdkörper kann den Schlauch nach dem Flicken erneut beschädigen.

* Auch nicht eine Gabel oder meine Blockflöte? Ok, dann verstehe ich jetzt auch, warum das hier so gar nicht klappt!

SCHLAUCH flicken

Die Beschädigung finden

Um den Schlauch flicken zu können, müssen Sie zunächst herausfinden, wo sich die Beschädigung befindet. Größere Löcher lassen sich leicht finden, bei kleineren kann die Suche etwas länger dauern. *Das gilt eigentlich für alle Sachen.*

1. Pumpen Sie den ausgebauten Schlauch wieder auf. Ist der Schlauch ausreichend gefüllt, nehmen Sie die Pumpe ab.

2. Fast immer ist es möglich, die Beschädigung zu finden, indem Sie hören, wo der Schlauch Luft verliert. Dazu halten Sie den aufgepumpten Schlauch ans Ohr und drehen Sie ihn komplett. ← *lauschen Sie aufmerksam*

3. Um zu prüfen, ob an der vermuteten Stelle Luft austritt, können Sie die Stelle, an der Sie das Loch vermuten, mit et- was Flüssigkeit (z. B. Spucke)* benetzen und beobachten, ob sich Blasen bilden. ** Hab ich gemacht! Schmeckt furchtbar!*

Den Schlauch unter Wasser zu halten, um Luftblasen zu entdecken, funktioniert auch, ist aber vergleichsweise auf- wendig.

Du kannst auch einfach das ganze Fahrrad in die Badewanne stellen. Vorher aber bitte den Truthahn rausnehmen.

Fahrradfahren im Frankreich-Urlaub ... Hat Spaß gemacht. Vor allem, als ich schneller war als die Tour de France. Solche Luschen. Aber was geht es mich an.

Die Beschädigung reparieren

1. Rauen Sie die Oberfläche des Reifens im Bereich der Beschädigung mit Schmirgelpapier etwas auf.

2. Tragen Sie den Vulkanisier-Kleber dünn und gleichmäßig auf die angeraute Oberfläche auf.

3. Nach etwa zwei Minuten Einwirkzeit pressen Sie den Flicken auf die Klebestelle. Drücken Sie den Flicken ca. 30 Sekunden fest an, damit sich die beiden Gummioberflächen gut miteinander verbinden können.

4. Ziehen Sie dann die Schutzfolie des Flickens ab.

Aber bitte nicht zwei Finger mit Kleber dazwischen aufeinanderpressen, das kann die Sache auf unangenehme Weise verkomplizieren.

TIPP

Eine typische Beschädigung des Schlauches ist der „Snakebite" (Schlangenbiss): Werden die Reifen mit zu wenig Luftdruck gefahren, kommt es beim Überfahren von Hindernissen zu einer Quetschung des Schlauches. Dadurch entstehen nah beieinander zwei Löcher im Schlauch, die an einen Schlangenbiss erinnern. Hier muss man also nicht nach Fremdkörpern im Reifen suchen.

PFLANZENPFLEGE

* wenn sie noch leben

Zimmerpflanzen sind schön, machen die Wohnung einladend und verbessern das Raumklima.* Wenn Sie die folgenden Regeln beachten, dürfte die grüne Pracht auch bei Ihnen gedeihen.

GIESSEN: Viel Wasser brauchen Pflanzen mit zarten, dünnen, großen und weichen Blättern, junge Pflanzen sowie große Pflanzen in kleinen Töpfen. Staunässe allerdings verträgt keine Zimmerpflanze. Wenig Durst haben Pflanzen mit lederartigen, harten, wachsartig überzogenen Blättern, ältere Pflanzen und kleine Pflanzen in großen Töpfen. An schattigen Standorten und bei hoher Luftfeuchte brauchen Pflanzen ebenfalls weniger Wasser. Völlig welke Pflanzen kann man unter Umständen retten, indem man sie im Topf in einen Eimer Wasser taucht und erst herausnimmt, wenn keine Wasserblasen mehr aufsteigen. *Aber nicht da drin vergessen ...*

dabei haben lederartige, harte Männer doch eher viel Durst?!

DÜNGEN: In der Wachstumszeit wird häufiger gedüngt als im Winter und grundsätzlich besser häufig und in kleinen Dosen als selten in großen Dosen.* Frisch gekaufte Pflanzen freuen sich über Dünger gleich nach dem Einzug in Ihr Heim. *duzi!*

* *Ich habe mir einfach ein paar kleine und ein paar große Dosen gekauft!*

UMSORGEN: Entfernen Sie vertrocknete Blätter, Blattspitzen und Blüten regelmäßig: Sie sind anfällig für Schädlinge.* Eingestaubten Pflanzen bleibt buchstäblich die Luft weg, darum muss auch das Grünzeug regelmäßig gereinigt werden. Brausen Sie Schmutzfinke in der Badewanne mit lauwarmem Wasser ab oder stellen Sie sie in einen warmen Sommerregen. Feste, glatte Blätter vertragen auch die Behandlung mit einem weichen Schwamm, bei der eventuelle Schädlinge gleich mit abgewischt werden. ** *tztztz*

* *Eine andere Idee wäre: Entfernen Sie einfach alles, dann haben Sie Ruhe vor diesen frechen Sensibelchen.*

UMTOPFEN: Am besten vertragen Zimmerpflanzen das Um-topfen im Frühjahr: Die Pflanze einen Tag vorher gut wäs-sern, vorsichtig aus dem Topf lösen und Wurzeln mit einem Holzstäbchen lockern, eventuell kürzen. Der neue Topf sollte 1 bis 2 Zentimeter größer sein als der alte. Füllen Sie ein bis zwei Handvoll Erde in den leeren Topf. Dann Wurzelballen daraufstellen und ringsum mit Erde auffüllen.* Zum Schluss angießen, sodass die Erde gut feucht ist, oder Topf vorsichtig unter Wasser halten, bis keine Luftblasen mehr aufsteigen.

*Mein Tipp aus der Praxis: Wenn der Sack mit der Erde umfällt, ist der Staubsauger überfordert ...

*Mal ehrlich: Wer will sich an deutsche Wohnzimmer erinnern?

Bogenhanf

Gliederkaktus

TIPP

Wer es trotz aller Bemühungen nicht zum grünen Daumen bringt, kann es mit den folgenden Zimmerpflanzen versuchen, die als echte Überlebens-künstler gelten.

RETRO: In den 1960er-Jahren war der Bogenhanf Standard in deutschen Wohnzimmern.* Zwischenzeitlich aus der Mode geraten, erlebt er gegenwär-tig eine neue Blütezeit. Er kommt mit beinahe jedem Standort zurecht und übersteht auch längere Durststrecken, nur kalt mag er's nicht (Zimmertem-peratur mindestens 12 °C).

EXOTISCH: Der Gliederkaktus, benannt nach der typischen Form sei-ner Zweige, blüht in der kalten Jah-reszeit mehrmals in Rot, Weiß oder Pink. Wasser braucht er nur einmal in zwei Wochen.

FASZINIEREND: Die Rose von Jericho überlebt auch ganz ohne Gießen, denn sie holt sich ihre Feuchtigkeit aus der Luft. Allerdings sieht sie dann aus wie trauriges braunes Gestrüpp. Gibt man ihr aber ein bisschen zu trinken, verwandelt sie sich binnen Stunden in eine üppig grüne Pflanze.

Das stimmt tatsächlich! Hab's ausprobiert.

Handarbeiten

Knopf mit zwei Löchern annähen

1. An der markierten Knopfposition ein paar kleine Stiche machen. Den Knopf auf die markierte Stelle legen und durch ein Loch nach außen stechen. Durch das benachbarte Knopfloch wieder nach innen stechen. *zwischen Waden und kopf? Einen Zahnstocher?

2. Dabei ein Streichholz oder einen Zahnstocher als Abstandshalter zwischen Faden und Knopf* stecken. Den Nähvorgang dreimal wiederholen und den Faden nicht zu fest anziehen. Der Knopf muss etwas Abstand zum Stoff haben.

3. Streichholz oder Zahnstocher entfernen, den Knopf nach oben ziehen und den Faden mehrmals um den Fadenhals zwischen Knopf und Stoff wickeln. Zwei- bis dreimal durch den Stiel stechen, die Nadel zur Stoffunterseite durchstechen und den vernähten Faden knapp abschneiden.

keinen Stoff mit abschneiden!

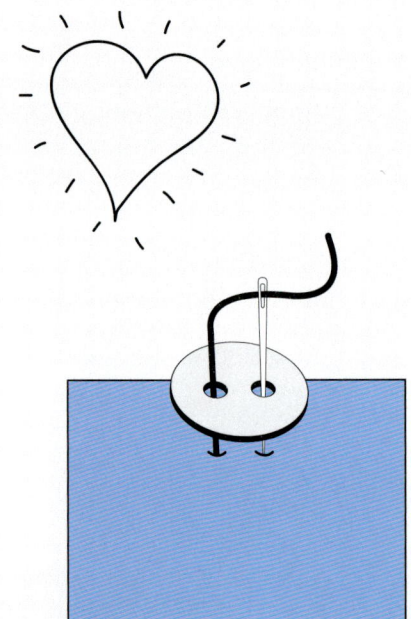

1.

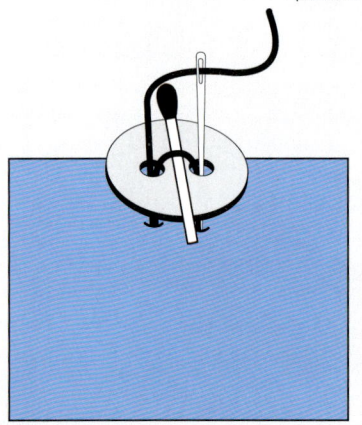

2.

3.

Knopf mit vier Löchern annähen

Bei Knöpfen mit vier Löchern müssen die zwei anderen Löcher ebenfalls wie oben beschrieben angenäht werden.*
Anschließend den Stiel arbeiten, den Faden hindurchziehen, auf der Stoffunterseite vernähen und knapp abschneiden.

Knöpfe mit vier Löchern lassen sich wie auf dem Foto abgebildet auf unterschiedliche Arten annähen:

1. federartig
2. mit Rocailles, die größer als die Knopflöcher sein müssen
3. über Kreuz
4. parallel senkrecht
5. parallel waagerecht
6. im Rechteck

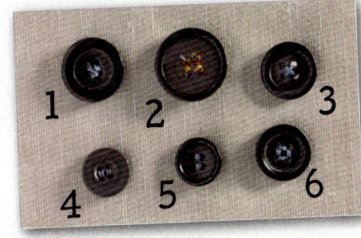

* oder Sie verschließen zwei Löcher mit etwas Klebstoff

WAS SIE BRAUCHEN:

Nähnadel

Nähgarn

Knopf mit vier Löchern

Textil-Zeichenstift

Schere

Stegknopf annähen

1. Einen Faden einfädeln. An der Stelle, an der der Knopf angenäht werden soll, mit dem Textil-Zeichenstift eine kleine Markierung anbringen. An dieser Position ein paar kleine Stiche machen, damit der Faden nicht aus dem Stoff rutschen kann, dann den Knopf auf die Markierung legen und die Nadel nach außen stechen und durch den Steg führen.

2. Anschließend unter dem Steg einen kleinen Stich durch den Stoff arbeiten und die Nadel wieder sechs- bis siebenmal durch den Steg führen, danach den Faden auf der Stoffunterseite mit mehreren kleinen Stichen vernähen und knapp abschneiden.

WAS SIE BRAUCHEN:

Nähnadel

Nähgarn

Stegknopf

Textil-Zeichenstift

Schere *oder Kugelschreiber*

WAS SIE BRAUCHEN:

Nähnadel

farblich passendes Nähgarn

Schere

farblich zur Nähnadel passend?

Gezogenen Faden ausbessern

Einen gezogenen Faden in Strickstoff können Sie auf diese Weise ausbessern: Eine Nadel einfädeln, ein Fadenende verknoten und die Nadel durch den Faden der Schlaufe ziehen. Nun die Nadel nach innen stechen und die Schlaufe vorsichtig auf die andere Stoffseite ziehen. Die Schlaufe dort mit wenigen, sehr feinen Stichen festnähen, sodass diese auf der Vorderseite nicht sichtbar sind. Den Stoff an dieser Stelle etwas dehnen.

TIPP

Bei dünnerem Faden können Sie auch so vorgehen: Die Nadel einfädeln und den Faden durch die gezogene Schlaufe des Kleidungsstückes ziehen, dabei das Fadenende festhalten. Die Nadel wieder ausfädeln und die beiden Fadenenden zusammen durch das Nadelöhr fädeln. Nun die Nadel direkt neben der Schlaufe nach innen stechen und so die Schlaufe auf die andere Seite des Stoffes ziehen. Die Schlaufe auf keinen Fall abschneiden, da sich sonst womöglich an dieser Stelle ein Loch bildet, sondern das Kleidungsstück an dieser Stelle in alle Richtungen vorsichtig dehnen.

Vorsichtig ist das richtige Wort. Ansonsten wird die Stopfarbeit nämlich sehr umfangreich

Ein Loch von Hand stopfen

1. Garn einfädeln (Nähgarn doppelt nehmen) und verknoten. Den Stoff über die linke Hand, ein Stopfei oder einen anderen geeigneten Gegenstand spannen.* Die Nadel nun durch die Stoffunterseite in einem kleinen Abstand zum Rand des Lochs nach außen stechen. Mit kleinen Stichen nach vorn und wieder zurück wird das Loch zunächst mit einer dichten Reihe parallel laufender Fäden überspannt.* Dazu werden in das Gewebe kleine Stiche gesetzt, der Faden gerade über das Loch gelegt und an der gegenüberliegenden Seite wieder mit kleinen Stichen fixiert. Die Fäden dabei nicht zu straff ziehen, sonst zieht sich der Stoff zu sehr zusammen.

2. Den Stoff um 90 Grad drehen und den Vorgang wiederholen. Dabei die Nadel im Wechsel unter und über den bereits gespannten Fäden führen, sodass ein dichtes Gewebe entsteht. Wenn das Loch geschlossen ist, wird der Faden an der Unterseite des Stoffes vernäht und knapp abgeschnitten.

* einen Pilz, einen Regenschirm, eine Billardkugel

* mehr oder weniger parallel ...

WAS SIE BRAUCHEN:

Stopfnadel

farblich passendes Stopfgarn

Schere

3. Eventuell doch Irma fragen. Das klingt sehr kompliziert.

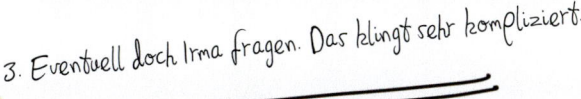

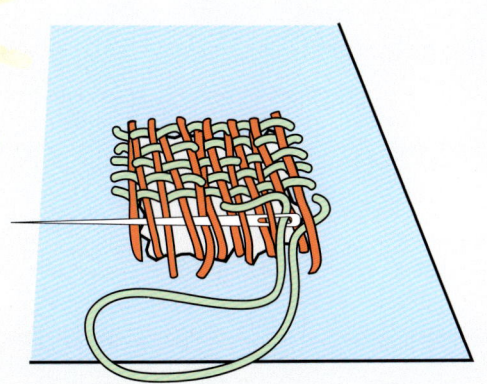

KOCHEN

Immer Brote zu schmieren oder ins Restaurant zu gehen, wird auf Dauer langweilig. Viel schöner ist es doch, sich ab und zu selbst an den Herd zu stellen, ob nun für sich allein oder für Gäste.* Damit auch beim Einkaufen und der Vorratshaltung alles wie am Schnürchen klappt, haben wir alles Wissenswerte dazu zusammengestellt. Und wenn es mal richtig schiefgeht** - dann lesen Sie im Pannenkapitel nach, wie Sie den Schaden beheben können.

* oder für Teddy

** hm, mal sehen

VORRÄTE anlegen

Meine Lebenssituation kennen Sie ja schon: Ich lebe mit Teddy, und Teddy ist meistens sehr genügsam.

Der eine fährt diverse Discounter, Bio-, Super- und Wochenmärkte an, um so günstig oder vernünftig wie möglich einzukaufen, der andere erledigt alle Einkäufe in einem einzigen Supermarkt, um die ganze Angelegenheit so schnell wie möglich hinter sich zu bringen. Für welche Variante Sie sich entscheiden, ist letztlich eine Frage der individuellen Lebenssituation und des Typs. Die folgenden Tipps und Hinweise helfen aber immer.

* und es ist einfacher, Gäste zu bewirten

Mit einer gut sortierten, in Zusammensetzung und Ausmaßen an Größe von Haushalt, Heim und Hunger angepassten Vorratshaltung ersparen Sie sich lästige und zeitraubende Ausflüge zum Supermarkt,* bei denen Sie für ein Paket Salz eine Viertelstunde an der Kasse anstehen. Außerdem lässt Sie eine gute Vorratshaltung entspannter bleiben, wenn der Großeinkauf nicht wie geplant stattfinden kann. Und nein, eine Speisekammer zu haben, ist weder spießig** noch überflüssig.

** das Wort verstehe ich nicht.

Bevor Sie losgehen, schauen Sie sich um: Was fehlt? Hilfreich ist es auch, eine ständige Einkaufsliste anzulegen. Was möchten Sie immer im Haus haben? Kartoffeln, Schokolade, Kaffee und Weißkohl? Schreiben Sie sich einen kleinen Zettel und bewahren Sie ihn im Portemonnaie auf, das erspart Ihnen das Nachdenken, wenn Sie es im Supermarkt eilig haben.

Tee und Törtchen! Ich liebe Törtchen.

Trockenvorrat anlegen

Füllen Sie Ihre Speisekammer oder auch das Vorratsregal mit einer Auswahl an haltbaren Lebensmitteln, die Sie regelmäßig brauchen: Mehl, Zucker, Nudeln und Reis als wichtige Kohlenhydratlieferanten, dazu - wenn Sie mögen - einige Fisch- oder Fleischkonserven sowie Obst und Gemüse in Gläsern oder Dosen.

Habe ich ausprobiert: Wenn man einen Apfel in eine Dose legt, ist er auch nicht länger haltbar.

Salz, Gewürze und getrocknete Kräuter sollten auch immer in Reserve sein, ebenso Öl und Essig* und eventuell ein weiteres Fett wie Margarine.

* benötigt man ja angeblich auch, um das Bad zu putzen

Für den Durst gibt's Wasser und (Kräuter-)Tee, für den Kreislauf Kaffee. Mit diesem Sortiment werden Sie jedenfalls nicht verhungern, wenn im Kühlschrank Ebbe herrscht. Ergänzen Sie diese Basisausstattung individuell mit Produkten der haltbaren Sorte, die bei Ihnen häufig auf den Tisch kommen.

Gefrierschrank füllen

fällt aus, da ich so etwas nicht besitze

Was bei den Trockenvorräten zu kurz kommt, ist die Vitaminversorgung. Die kann man sicherstellen, indem man sich angewöhnt, immer eine kleine Auswahl an Tiefkühlgemüse und -obst im Eisfach zu haben. Wer Lust hat, friert Frisches selbst ein, wer keine Zeit hat, verlässt sich auf die durchaus zuverlässige Qualität im Supermarkt. Fleischesser packen noch das ein oder andere Steak oder Schnitzel dazu. Auch ein kleines Sortiment an Fertiggerichten kann sich in Krisenzeiten als Rettung erweisen.

Kühlschrank füttern

Kaufen Sie auch regelmäßig verzehrte Frischeprodukte routinemäßig nach: Dazu gehören diverse Milchprodukte, Eier und Käse und auch Wurst und Schinken. Abgepackte Produkte haben aber zwar nicht unbedingt die Qualität von Waren aus der Käse- oder Wursttheke, halten sich dafür aber im verschlossenen Zustand meistens recht lange und stellen die Grundversorgung* sicher. Extrawürste und sonstige Spezialitäten können Sie sich ja bei Ihrem Wocheneinkauf trotzdem gönnen.

* Das ist wichtig, wenn man wegen Überschwemmung oder Hitzewelle die Wohnung einige Wochen nicht verlassen kann.

Apropos einkaufen! Ich besitze eine Kreditkarte! Tolles Ding. Man kann damit alles kaufen! Und das Beste: Man muss gar kein Geld dabei ausgeben.

Die richtige LAGERUNG

Lebende Tiere können nahezu unbegrenzt in einem kleinen Stall aufbewahrt werden.

Salat kann man auch vor Ort in einer Socke schleudern, aber das erfahren Sie noch im Detail.

Das sorgt auch für interessanten Lesestoff, wenn man die Zeitung Wochen später im Kühlschrank findet.

Welche Verpackung wofür?

- Frisches Fleisch, Geflügel und frischen Fisch möglichst unmittelbar nach dem Einkauf aus der Verpackung nehmen und in einer mit Klarsichtfolie verschlossenen Schüssel im untersten Kühlschrankfach aufbewahren.

- Vakuumverpackte Frischfleisch- und -fischprodukte können Sie direkt in den Kühlschrank räumen.

- Hartkäse bleibt entweder in der Originalverpackung oder wird in beschichtetes Papier eingewickelt, damit er sein Aroma behält.

- Butter nimmt sehr leicht Gerüche anderer Lebensmittel an und sollte darum in der Originalverpackung bleiben oder in einer Butterdose aufbewahrt werden.

- Salat hält sich am besten, wenn er vor der Lagerung im Kühlschrank gewaschen und geschleudert und dann in Zeitungspapier oder eine Papiertüte gewickelt wird. In Papiertüten bewahrt man auch Champignons (ca. 2 Tage) und Möhren (ca. 1 Woche) auf.

- Gemüse lebt grundsätzlich länger, wenn man es nicht in Plastik, sondern in Zeitungspapier im Kühlschrank lagert. Es bleibt außerdem frischer, wenn man den Boden des Gemüsefachs mit Küchenpapier auslegt.

- Empfindliches Beerenobst nimmt man am besten aus der Verpackung und lagert es in einer flachen Schale. oder isst es sofort

Was ist wie lange haltbar?

HALTBARKEITSDAUER IM KÜHLSCHRANK –
DIE WICHTIGSTEN LEBENSMITTEL IM ÜBERBLICK

frischer Truthahn: sofort verarbeiten

Blattgemüse (Salat, Spinat)	wenige Tage im Obst- und Gemüsefach
Steinobst (Kirschen, Nektarinen, Pflaumen)	wenige Tage im Obst- und Gemüsefach
Samengemüse (Erbsen)	wenige Tage im Obst- und Gemüsefach
Wurzelgemüse (Sellerie, Möhren, Kohlrabi)	8 Tage im Obst- und Gemüsefach
Beerenobst	2-3 Tage im Obst- und Gemüsefach
Fisch	nur wenige Stunden bei 0-4 °C
rohes Frischfleisch	1-4 Tage bei 0-4 °C
rohes Hackfleisch	max. 12 Stunden bei 0-4 °C
rohes Hähnchen	max. 5 Tage bei 0-4 °C
abgepackter Aufschnitt, ungeöffnet	Verbrauchsdatum beachten
abgepackter Aufschnitt, geöffnet	3-4 Tage bei 0-4 °C
Aufschnitt vom Metzger	3-4 Tage bei 0-4 °C
Salami und Schinken am Stück	bis zu 14 Tage bei 0-4°C
pasteurisierte Milch, ungeöffnet	Mindesthaltbarkeitsdatum beachten
pasteurisierte Milch, geöffnet	1-3 Tage
H-Milch, ungeöffnet	Mindesthaltbarkeitsdatum beachten
H-Milch, geöffnet	2-3 Tage
Joghurt, Quark, Crème fraîche, ungeöffnet	Mindesthaltbarkeitsdatum beachten
Joghurt, Quark, Crème fraîche, geöffnet	3-4 Tage
Hartkäse, vakuumverpackt	6 Monate
Hartkäse, offen	bis zu 3 Wochen
Weichkäse, ungeöffnet	Mindesthaltbarkeitsdatum beachten
Weichkäse, geöffnet	1 Woche
Butter, ungeöffnet	Mindesthaltbarkeitsdatum beachten
Butter, geöffnet	ca. 14 Tage

PANNENHILFE

Beim Kochen, Backen und Braten kann natürlich jede Menge schiefgehen, aber davon sollten Sie sich nicht einschüchtern lassen. Es gibt zahlreiche Tipps und Tricks, mit denen sich vermeintlich verunglückte Speisen oder nicht mehr ganz taufrische Lebensmittel noch retten lassen.

- Wenn Ihnen der Sonntagsbraten angebrannt ist, muss die Küche nicht kalt bleiben: Legen Sie einige Minuten lang ein feucht-heißes Tuch auf die angebrannten Stellen. Danach können Sie die schwarzen Stellen problemlos abschneiden.

- Klare Suppen, die zu viel Salz abbekommen haben, verlängert man entweder mit Wasser oder man rührt ein Eiweiß in die Suppe und nimmt es wieder heraus, sobald es geronnen ist. Das Salz sollte jetzt im Eiweiß sein.

- Gebundene Suppen, Soßen und Eintöpfe und Suppen mit Salzüberschuss rettet man, indem man rohe Kartoffeln hineinreibt und sie dann aufkochen lässt. Reicht das nicht, kann man noch einen Schuss Orangensaft oder einen Löffel Honig zugeben.

- Bei versalzenem Salatdressing hilft eine Prise Zucker oder man schlägt nach und nach ein verquirltes Eigelb unter. *

- Versalzener Rotkohl wird wieder genießbar, wenn Sie einen geriebenen Apfel oder eine geriebene rohe Kartoffel untermischen. *Aber nur einen Apfel, sonst wird es Obstsalat!*

- Altes Brot wird wieder wie neu, wenn Sie es in ein feuchtes Tuch wickeln, einen Tag in den Kühlschrank legen und dann aufbacken. Oder Sie legen es in ein Metallsieb über einen Topf mit kochendem Wasser und schließen den Deckel, bis das Brot warm ist. *In beiden Fällen gilt: Das Brot danach aber nicht vergessen, sonst löst es sich auf.*

* Geben Sie noch rohes Hackfleisch hinzu, und fertig ist Ihr Steak Tatar.

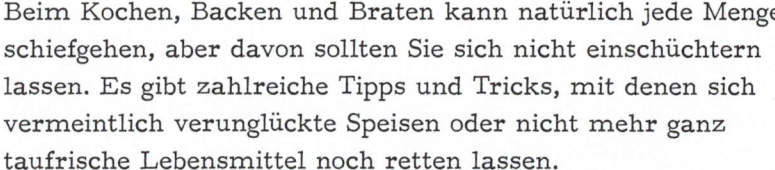

Wenn Sie beim Füllen im Truthahn stecken bleiben, bewahren Sie Ruhe! Nehmen Sie vor dem Füllen Ihre Uhr ab.

- Weich gewordenes Knäckebrot wird im Toaster oder Backofen wieder knusprig. Funktioniert auch bei Salzstangen. ← 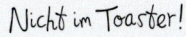 *Nicht im Toaster!*

- Sie wollen backen, aber die Butter ist noch viel zu hart? Reiben Sie sie auf der Küchenreibe, dann können Sie gleich loslegen.

- In den Geburtstagskuchen gehören vier Eier, Sie haben aber nur drei? Dann ersetzen Sie das fehlende Ei durch einen Esslöffel Stärke und, falls vorhanden, einen kleinen Schuss Rum.

- Vertrockneter Biskuitkuchen erlebt eine Wiedergeburt als köstliches Dessert, wenn man ihn in eine Schüssel krümelt, etwas Likör darübergibt und mit frischem Obst und Schlagsahne garniert. *Njam!*

- Ist etwas zu viel Knoblauch ins Essen geraten, hängt man klein gezupfte Petersilienblätter in einem Tee-Ei in den Topf und kocht sie so lange mit, bis der gewünschte Geschmack erreicht ist.

- Zusammengeklebte Nudeln lassen wieder voneinander, wenn man sie kurz über Wasserdampf oder in heißem Wasser erwärmt.

- Wird die Schlagsahne nicht steif, ein Eiweiß dazugeben und kurz kalt stellen. Dann erneut aufschlagen. Wenn es trotzdem nicht klappt, einige Spritzer Zitronensaft zugeben.

- Beim Kochen bleiben ganze Eier heil, wenn man etwas Essig ins Kochwasser gibt.*

- Kartoffeln lassen sich leichter pellen, wenn Sie dem Kochwasser einen Esslöffel Öl zugeben.

CHEF *BEAN*

* *Vor dem Kochen bleiben Eier heil, wenn man sie nicht auf den Küchenboden fallen lässt.*

Gebratener TRUTHAHN

Waschen, ok ..., das muss jeder für sich entscheiden. Sie brauchen dafür aber eine nicht zu kleine Badewanne, das sollten Sie wissen. ←

FÜR 6 PORTIONEN

- 1 Truthahn (ca. 6 kg)
- Salz
- Pfeffer
- 250 g Bauchspeck
- 3 große Zwiebeln
- 150 g Staudensellerie
- 1 Bund Petersilie
- 50 g Butter
- 200 ml Weißwein
- ca. 150 ml Hühnerbrühe
- 500 g Maisbrot vom Vortag
- 1 El edelsüßes Paprikapulver
- 3 El Maisstärke
- Preiselbeeren nach Belieben

Maisbrot??? Oder Weißbrot? Hmm ...

Zubereitungszeit:
ca. 20 Minuten
(plus 4-5 Stunden Garzeit)

1. Truthahn innen und außen gut waschen und mit Salz und Pfeffer einreiben. Den Speck in Würfel schneiden und in einer Pfanne auslassen. Inzwischen die Zwiebeln schälen und hacken. Staudensellerie putzen, waschen und klein schneiden. Petersilie waschen, trocken schütteln und hacken.

2. Zwiebeln, Sellerie und Petersilie zum Speckfett geben und kurz mitschmoren. Dann die Butter zugeben. Diese Masse mit 100 ml Wein, Brühe und dem gewürfelten Brot zu einem halb festen Teig verarbeiten. Er darf nicht zu feucht sein.

3. Den Backofen auf 160 ˚C (Umluft 140 ˚C) vorheizen. Truthahn mit der Füllung stopfen und zunähen.* In einen Bräter legen und im Ofen 4 bis 5 Stunden knusprig braten. Von Zeit zu Zeit mit Bratensaft und nach Bedarf mit Wasser übergießen. Fertigen Truthahn aus dem Bräter nehmen und warm stellen.

4. Für die Sauce den Bratenfond durchseihen und mit restlichem Wein und nach Bedarf Hühnerbrühe auffüllen. Aufkochen und mit in Wasser angerührter Maisstärke binden. Nach Belieben 1 El Preiselbeeren einrühren.

Und wenn es nicht klappt, macht Irma halt Toast.

* Hierbei gibt es einiges zu beachten: 1. Da passt jede Menge rein, also seien Sie vorbereitet. Ob Sie mit so ein bisschen Speck und Sellerie zurechtkommen, bezweifle ich eigentlich. 2. Passen Sie auf, dass Sie da drin nichts verlieren. Ich dachte schon fast, dass meine Uhr ... aber na ja, Schwamm drüber. 3. Schauen Sie, dass Sie damit anfangen, bevor der Besuch kommt.

Ein ganzer Truthahn wiegt 14,145 Pfund. Wussten Sie das? Ich auch nicht.

SANDWICH mit Speck, Salat und Tomaten

FÜR 4 PORTIONEN

8 Scheiben Frühstücksspeck *oder einen kleinen Fisch*

8 Scheiben Toastbrot

2 El Mayonnaise

4 Blätter grüner Salat *gewaschen!*

2 Tomaten

2 El Butter

Zubereitungszeit: ca. 15 Minuten
pro Portion ca. 208 kcal

* oder den Fisch vorsichtig auf eine Kante aufschlagen

1. Die Speckscheiben in einer Pfanne ohne Fett von beiden Seiten knusprig rösten. Herausnehmen und auf Küchenpapier abtropfen lassen.*

Toast lässt sich sehr gut mit einer großen Schere aufschneiden

2. 4 Toastscheiben dünn mit Mayonnaise bestreichen und mit je 1 Salatblatt* belegen. Tomaten waschen, Stielansatz entfernen und Fruchtfleisch in Scheiben schneiden.   ** sollte gewaschen sein*

3. Tomaten auf den Salat legen und mit je 2 Scheiben Speck* belegen. Restliche Toastscheiben mit der Butter bestreichen und die Sandwiches damit bedecken. Sandwiches diagonal halbieren und servieren.

* oder dem kleinen Fisch

Salatschleuder für unterwegs

Wenn es mal schnell gehen muss, packt man einfach alles, was man für ein Sandwich braucht, ein. Also ein Toastbrot, eine Schere, eine Butterdose, ein paar Salatblätter und einen Fisch aus dem Aquarium. Frische Zutaten sind ja wichtig. Wenn die Zeit noch nicht einmal reicht, um den Salat zu waschen, gibt es einen prima Trick: Suchen Sie sich eine Wasserstelle (zum Beispiel einen Trinkbrunnen) und stecken Sie die gewaschenen Blätter in eine Socke. Dann schleudern Sie so kräftig wie möglich. Funktioniert hervorragend!

KARTOFFELSALAT
mit Speck

FÜR 4 PORTIONEN

750 g Kartoffeln

Salz

1 Zwiebel

5 El Essig

1 Tl Zucker

75 g Schinkenspeck

3 El Öl

Pfeffer

Petersilie zum Garnieren

Zubereitungszeit: ca. 30 Minuten
(plus 25 Minuten Garzeit)
pro Portion ca. 207 kcal

1. Die Kartoffeln in der Schale in leicht gesalzenem Wasser etwa 25 Minuten garen. Dann abgießen und ausdampfen lassen. Die Zwiebel schälen und in kleine Würfel schneiden. Mit dem Essig und Zucker* in eine Schüssel geben und ziehen lassen.   * Das erinnert mich an etwas! Siehe „Cocktails".

2. Das Öl in einer Pfanne erhitzen und den Speck darin knusprig braten. Vorher würfeln!!! Sonst liegt nachher ein Block Speck im Salat.

3. Die Kartoffeln pellen, in Scheiben schneiden und zu den Zwiebelwürfeln geben. Mit Salz und Pfeffer abschmecken. Den heißen Speck mit dem Bratfett über den Kartoffelsalat gießen und untermengen. Mit Petersilie garniert servieren.* Schmeckt warm und kalt.

* Auch hier: lieber gehackt als am Stück.

CHEF BEAN

HAMBURGER

FÜR 4 PORTIONEN

nein! nicht schon wieder!

- 600 g Rinderhack
- 50 g Haferflocken
- 2 El Ketchup
- 2 El Milch
- 1 El Dijonsenf
- 1 Ei
- Salz
- Pfeffer
- 1/2 Tl getrockneter Oregano *
- 2 El Öl
- 1 Zwiebel
- 4 Hamburger-Brötchen
- 2 El Butter
- Ketchup zum Servieren
- Tomatenscheiben und Salatblätter zum Garnieren

Kenne ich! Von meiner Frankreichreise!

* wie trocknet man den?

oder ein großes Toastbrot?

Zubereitungszeit: ca. 30 Minuten
pro Portion ca. 533 kcal

1. Das Rinderhack mit Haferflocken, 2 EL Ketchup, Milch, Senf und Ei zu einem Teig vermengen und gut durchkneten. Mit Salz, Pfeffer und Oregano kräftig würzen.

2. Aus dem Teig vier gleich große Fleischfladen formen. * Das Öl in einer Pfanne erhitzen und die Fladen darin von beiden Seiten gut anbraten, dann bei geringerer Temperatur etwa 7 Minuten garen.   * *Vorher eine Schürze anziehen!*

3. Die Zwiebel schälen und in Ringe schneiden. Kurz vor Ende der Garzeit auf die Burger legen und kurz mitgaren. Die Brötchen halbieren und mit Butter bestreichen, dann unter dem Grill rösten. *Bloß nicht dort vergessen!*

4. In je 1 Brötchen 1 Fleischburger hineinlegen, mit Zwiebelringen belegen und mit Ketchup servieren. Nach Belieben mit Tomatenscheiben und Salatblättern dekorieren.

Aber nur so, dass man den Burger noch sieht, sonst wundern sich die Gäste!

TIPP

Auch kross gebratener Bacon schmeckt lecker auf einem Burger. Mit je 1 Scheibe Käse wird er zum Cheeseburger.

FISCHSTÄBCHEN
mit Pommes frites

Fish & Chips!! Wunderbar

FÜR 4 PORTIONEN

600 g Seelachsfilet

2 Eier

Salz

Pfeffer

50 g Mehl

100 g Paniermehl

FÜR DIE POMMES FRITES

1 kg Kartoffeln

1 l Planzenöl oder -fett
zum Frittieren

Salz

Zubereitungszeit: ca. 30 Minuten
(plus Frittierzeit)
pro Portion ca. 547 kcal

1. Für die Fischstäbchen das Fischfilet waschen und in etwa 3 cm dicke Streifen schneiden. Eier verquirlen, mit Salz und Pfeffer würzen. Eier, Mehl und Paniermehl jeweils auf einen Teller geben. Fischstäbchen nacheinander in Mehl, Eiern und Paniermehl wenden.

2. Für die Pommes frites die Kartoffeln waschen, schälen und mit einem Pommes-Frites-Schneider in etwa 1 cm dicke Stäbchen schneiden. Mit Küchenpapier abtupfen. Das Frittierfett in einem hohen Topf oder der Fritteuse auf 180°C erhitzen. *Sehr gefährlich! Lieber nicht zu Hause nachmachen.*

3. Zuerst die Pommes frites portionsweise im heißen Fett hell vorbacken. Aus dem Fett nehmen und abtropfen lassen. Fett säubern, dann die Fischstäbchen portionsweise goldgelb frittieren. Herausnehmen und abtropfen lassen.

Zerbrochene Fischstäbchen kann man nicht wieder zusammenkleben ...

4. Die Pommes frites kurz vor dem Servieren erneut ins heiße Fett geben und goldbraun backen. Abtropfen lassen und mit Salz bestreut zu den Fischstäbchen servieren.

Viel Arbeit, die nicht sein muss ...
Es gibt Fischstäbchen im Kühlregal.
Oder an der Fischbude!

Angemachtes TATAR

FÜR 4 PORTIONEN

4 Zwiebeln

4 El Kapern

4 Salzgurken

500 g frisch durchgedrehtes
mageres Rinderhack *roh!!!!*

Salz

Pfeffer

1 Tl edelsüßes Paprikapulver

4 frische Eier

4 El frisch geschnittener
Schnittlauch

Sesamöl

Sojasauce

Zubereitungszeit: ca. 15 Minuten
pro Portion ca. 398 kcal

← *kein Wunder, dass das Fleisch
in so kurzer Zeit nicht gar wird!*

1. Die Zwiebeln schälen und fein hacken. Kapern und Salz-gurken ebenfalls hacken. Pro Portion 125 g Rindertatar auf einen Teller geben und mit Salz, Pfeffer und Paprikapulver würzen.

2. Auf das Tatar je 1 rohes Ei schlagen. Je ein Viertel ge-hackte Zwiebeln, Kapern, Gurken und Schnittlauch am Rand des Tellers dekorativ platzieren. Öl und Sojasauce dazustel-len. Jeder macht sich das Tatar nach seinem Geschmack an.

*oder verstecken Sie es gleich an
einem möglichst unauffälligen Ort.*

*Ach ich verstehe! Das ist ein Gericht!
Dieser Klumpen aus rohem Fleisch war
gar kein Küchenabfall. Na, gut!
Ich esse sowas trotzdem nicht.*

FRIKADELLEN

*Was genau ist das eigentlich?
Meinen Sie diese kleinen Mini-Toastbrote?*

FÜR 4 PORTIONEN

2 Brötchen vom Vortag

1 Zwiebel

1/2 El Butter

500 g gemischtes Hackfleisch *nein! nicht schon wieder!*

1/2 Bund frisch gehackte Petersilie

2 Eier

Salz

Pfeffer

1/2 Tl Majoran

1/2 Tl edelsüßes Paprikapulver

2 El Butterschmalz

Zubereitungszeit: ca. 25 Minuten
(plus 10 Minuten Schmorzeit)
pro Portion ca. 506 kcal

1. Die Brötchen mit 100 ml heißem Wasser übergießen und einweichen. Die Zwiebel schälen und fein hacken. Die Butter in einer Pfanne erhitzen und die Zwiebel darin andünsten.

2. Das Hackfleisch mit der Zwiebel und der Petersilie in eine Schüssel geben. Die Brötchen gut ausdrücken und dazugeben. Eier und die Gewürze hinzufügen und alles mit den Händen zu einem glatten Fleischteig verkneten.*

3. Aus dem Fleischteig mit feuchten Händen Fleischklopse formen. Das Butterschmalz in einer Pfanne erhitzen und die Klopse darin von beiden Seiten scharf anbraten.** Dann bei geringer Temperatur etwa 10 Minuten garen. Dazu schmecken Kartoffelsalat oder Krautsalat. ** *ahh! Das klingt schon sehr viel besser ...*

* Schauen Sie sich diese Masse einmal genau an. Manche Menschen essen so etwas roh! Sogar in den besten Restaurants der Stadt wird so etwas angeboten!

TIPP

Wenn, z.B. für eine Feier, eine größere Menge Frikadellen zubereitet werden soll: Einfach die Frikadellen auf ein gefettetes Backblech legen und bei 180 °C im Backofen ca. 25 Minuten garen.

LIME PIE

* was ist das denn schon wieder?

FÜR CA. 12 STÜCKE

FÜR DEN TEIG

1 unbehandelte Zitrone

250 g Mehl (Type 405)

125 g kalte Butter

1 Prise Salz, 100 g Zucker

2 Eigelb, 1 El kalte Milch

FÜR DIE CREME

320 g Butter, 7 Eier

7 Eigelb ← *und die sieben Eiweiß?*

350 g Zucker

320 ml frisch gepresster Zitronensaft aus unbehandelten Früchten

abgeriebene Schale der ausgepressten Zitronen

3 Blatt weiße Gelatine

Geht nicht! Geht nicht!

AUSSERDEM

weiche Butter für die Form

Mehl für die Arbeitsfläche

500 g Hülsenfrüchte zum Blindbacken

Zubereitungszeit: ca. 50 Minuten (plus Ruhe-, Back- und Kühlzeit)
Pro Stück ca. 640 kcal/2670 kJ

1. Für den Teig die Zitrone heiß abwaschen und trocken reiben. Die Schale mit einer Parmesanreibe* dünn abreiben. Das Mehl in eine Schüssel sieben** und die Butter in kleinen Flöckchen darauf verteilen. Salz, Zucker und Eigelbe sowie die Zitronenschale und die Milch dazugeben. Alles zügig mit den Händen zu einem glatten Teig verkneten. Zur Kugel rollen und in Frischhaltefolie wickeln. Für ca. 1 Stunde im Kühlschrank ruhen lassen. **** *dabei nicht niesen!***

2. Den Backofen auf 200 ˚C (Umluft 180 ˚C) vorheizen. Eine Springform (26 cm Ø) einfetten. Den Teig auf einer bemehlten Arbeitsfläche rund und ca. 4 cm größer als die Form ausrollen. Den Teig in die Form legen und dabei einen Rand von ca. 2 cm hochziehen. Backpapier auf den Teig legen, die Hülsenfrüchte daraufgeben und gleichmäßig auf dem Boden verteilen. Auf der mittleren Schiene ca. 15 Minuten blindbacken. Den Teig herausnehmen. Hülsenfrüchte und Backpapier entfernen. Den Boden in der Form abkühlen lassen, dann vorsichtig aus der Form lösen. *Jetzt sind sie blind. Was jetzt?*

3. Für die Creme die Butter in einem kleinen Topf zerlassen. Eier, Eigelbe, Zucker, Zitronensaft und abgeriebene Zitronenschale im heißen Wasserbad* mit den Rührbesen des Handrührgeräts so lange warm und schaumig rühren, bis die Masse andickt. Dabei darauf achten, dass das Wasser im Topf nicht sprudelnd kocht, sondern stets unter dem Siedepunkt bleibt. Sobald die Ei-Masse andickt, die zerlassene Butter nach und nach unterrühren. Die Creme aus dem Wasserbad heben und etwas abkühlen lassen.** Durch ein feines Sieb streichen.

* wie viel Wasser?

** Jetzt verstehe ich: Das Wasser kommt nicht mit hinein?!

72

4. Die Gelatine in kaltem Wasser nach Packungsanweisung einweichen. Die eingeweichte Gelatine tropfnass in einen Topf geben und erwärmen, bis sie flüssig ist. 2 El Zitronencreme in den Topf geben und mit der Gelatine verrühren. Dann den Inhalt des Topfes zur Zitronencreme geben und mit dem Schneebesen unterrühren. Die Creme auf den Teigboden geben und glatt streichen. Den Kuchen vor dem Servieren mindestens 1 Stunde kalt stellen.

RÜBLITORTE mit Nüssen und Mandeln

FÜR CA. 12 STÜCKE

- 400 g Möhren
- 8 Eier
- 300 g Zucker
- 200 g gemahlene Haselnüsse
- 200 g gemahlene Mandeln
- 60 g Speisestärke
- 1 Tl Zimt
- Saft und abgeriebene Schale von 1 unbehandelten Zitrone
- 3 Tl Kirschwasser
- Salz *doch kein Kuchen ...*
- 200 g Puderzucker
- 3 El Zitronensaft
- 12 Marzipanmöhren *noch mehr Möhren?*
- 20 g gehackte Pistazien
- Butter für die Form

Wirklich? Das soll doch ein Kuchen werden!?

Zubereitungszeit: ca. 30 Minuten (plus ca. 1 Stunde 10 Minuten Backzeit)
Pro Stück ca. 393 kcal

Eventuell vorbeikommende Hasen vertreiben!

1. Die Möhren waschen, schälen, fein reiben und beiseitestellen. Den Backofen auf 175 °C (Umluft 150 °C) vorheizen. Eine Springform (26 cm Ø) mit Backpapier auslegen und den Rand einfetten.

Zeit, euch Auf Wiedersehen zu sagen, liebe Eier!

2. Die Eier trennen. Eigelbe mit Zucker schaumig schlagen. Die Möhren unterheben. Die Haselnüsse mit den Mandeln und der Speisestärke mischen, unter die Ei-Möhren-Masse rühren, dann den Zimt sowie Zitronenschale und -saft zugeben. Zum Schluss das Kirschwasser unterrühren.

3. Eiweiße mit 1 Prise Salz steif schlagen und alles vorsichtig mit der Ei-Möhren-Masse vermengen. Den Teig in die Springform geben und glatt streichen.

4. Den Kuchen auf der mittleren Schiene im Ofen etwa 1 Stunde 10 Minuten backen. Falls der Kuchen zu viel Farbe annimmt,* mit Alufolie abdecken. Nach etwa 1 Stunde eine Garprobe machen. Kuchen abkühlen lassen und aus der Form lösen.   ** mit Sonnencreme einpinseln*

5. Für den Guss Puderzucker mit Zitronensaft verrühren und den Kuchen damit einpinseln. Mit Marzipanmöhren und Pistazien verzieren.

MARMELADE kochen

Im Sommer gibt es mehr köstliche Früchte, als man essen kann, und das zu günstigen Preisen. Was liegt da näher, als sie vor dem Verderben zu retten und im Glas haltbar zu machen? Marmelade ist schnell gekocht und in der selbst gemachten Version nicht nur ein echtes Highlight im Vorratsschrank, sondern auch ein perfektes Geschenk für die nächste Essenseinladung bei Freunden.

Yeah! Mr. Bean der Retter der Früchte!

1. Gläser und Deckel sterilisieren: Gläser und Deckel in heißem Wasser mit Spülmittel abwaschen, anschließend sehr heiß ausspülen und umgedreht auf einem sauberen Küchenhandtuch abtropfen lassen. Sie müssen übrigens keine neuen Gläser kaufen, sondern können alte Marmeladengläser wiederverwenden. Wichtig ist nur, dass Gläser und Deckel vollkommen unbeschädigt und sauber sind.

Schauen Sie sich dafür einfach in einem Altglascontainer in Ihrer Nähe um!

2. Die Erdbeeren abspülen, vorsichtig trocken tupfen, putzen und würfeln. Verwenden Sie für Ihre Marmelade nur absolut einwandfreie Früchte, sonst verdirbt sie leicht. Wiegen Sie genau 1 kg ab.

Vorsicht! Nicht die Krawatte reinhängen!

3. Nun Erdbeeren, Gelierzucker und Zitronensäure gut miteinander verrühren und zum Kochen bringen.

4. Sobald die Masse kocht, noch weitere 3 Minuten unter Rühren sprudelnd kochen lassen, dann den Topf vom Herd nehmen.

Blubber, spritz, spratz! Ich bin froh, dass man hier auch Putztipps finden kann. Das Zeug klebt vielleicht!

5. Eventuellen Schaum mit einer Schaumkelle abnehmen. Dann Gelierprobe machen: Etwas Marmelade auf eine kalte Untertasse (aus dem Kühlschrank) geben und kurz abkühlen lassen. Wenn die Probe geliert, wird auch die Marmelade im Glas fest. Falls die Marmelade nicht fest wird, noch ein wenig weiterkochen und die Probe wiederholen.

Während des Kochens nicht weggehen, auch nicht mal eben kurz.

6. Die Gläser auf ein nasses Küchenhandtuch stellen, damit sie beim Einfüllen der heißen Marmelade nicht zerspringen. Die heiße Marmelade mit einer Kelle randvoll in die Gläser füllen, Marmeladenkleckse* am Glasrand abwischen und die Gläser sofort fest verschließen. Verschlossene Gläser stürzen und 5 Minuten auf den Deckeln ruhen lassen. ** haha*

Fertig! Kühl und trocken gelagert, hält sich die Marmelade etwa ein Jahr.

TIPP

Eine englische Spezialität ist Bitterorangenmarmelade. Man nimmt dafür statt der hier genannten Früchte Bitterorangen, die man auch Pomeranzen nennt. Die Früchte wie beschrieben kochen. Vorher Kerne und Häute entfernen und diese in einem kleinen Säckchen mitkochen.

COCKTAILS

Cosmopolitan

das ist genau das Richtige für mich!

3 cl Wodka mit je 1,5 cl Cointreau, Limettensaftkonzentrat und Preiselbeersaft sowie einigen Eiswürfeln* im Shaker kräftig mixen. In ein kleines Glas abseihen und mit 1/2 Zitronenscheibe garnieren.

* oder Eiszapfen von draußen

Old Fashioned

4 cl Bourbon, 1 Tl Zuckersirup, 4 Dash Angostura und 1 Dash Zitronensaft mit 3 Eiswürfeln in einen Tumbler geben und umrühren. Mit 1 Cocktailkirsche und 1/2 Orangenscheibe servieren.

Ich hoffe, Sie wissen, was ein Dash ist? Ich sag's Ihnen, denn ich als Engländer weiß es natürlich: ein Spritzer!

Gin Tonic

3 Eiswürfel mit 4 cl Gin in ein Longdrinkglas geben. Mit
Tonic Water auffüllen und mit 1 Zitronenscheibe garnieren.

Trick, wenn Gäste kommen und
nichts mehr im Haus ist:

↳ Essig mit so viel Zucker vermischen,
dass er trinkbar wird.

↳ Als Knabbereien ein paar Zweige
von der Hecke in mundgerechte Stücke
schneiden. Dazu würzige Sauce.

WAS SONST NOCH SPASS MACHT

Das Haus blinkt, das Fahrrad läuft, der Kühlschrank ist gefüllt. Nun bleibt endlich Zeit für Hobbys und Freizeitvergnügen. Wie wäre es, für die Liebste eine *wie bitte?* Überraschungsparty zu planen? Oder eine Reise zu unternehmen?* Oder zumindest einem Papierflieger hinterherzuschauen und sich an ferne Orte zu träumen ...   * schon eher

AUF UND DAVON ...

Checkliste Kofferpacken

Die folgende Liste ist nur eine Ideensammlung. Es empfiehlt sich, sich eine eigene, individuelle Liste zusammenzustellen und ganz konkret alle Dinge zu benennen, die man dabeihaben möchte. Das gilt vor allem für die Liste der Kleidungsstücke,* die hier nur eine Idee vermitteln kann. Setzen Sie hier Ihre Lieblingsstücke dazu. Beim Packen werden Sie dankbar sein, sich darüber nicht mehr den Kopf zerbrechen zu müssen.

SEHR WICHTIG

- Reisepass oder Ausweis (je nach Reiseland)
- Bargeld und Geldkarte(n)
- Zug-/Flugticket
- Zahnbürste

KLEIDUNG

- Unterwäsche: Unterhosen, Unterhemden oder T-Shirts, Socken
- Pullover zum Wechseln
- Hemden
- Hose zum Wechseln
- bei Reisen in warme Länder: Shorts
- Sandalen, Straßen-/Turnschuhe, evtl. Wanderschuhe, Hausschuhe, Flipflops
- Regenjacke

Das trifft auf mich nicht zu! Ich liebe es, Ferien zu machen.

Warum nicht mal verreisen?

Die meisten nennen sie die schönste Zeit im Jahr: die Urlaubs- und Ferienzeit. Wer aber ans Reisen nicht gewöhnt ist, dem fallen schnell Argumente ein, was gegen das Verreisen spricht: Personalmangel in der Firma, Allergie gegen fremde Betten, Flugangst, der Keller, der dringend und gründlichst aufgeräumt werden muss.* Dabei verzichtet, wer so denkt, auf eine der großen Freuden im Leben. Reisen bildet und entspannt - und beides dient dem Erhalt der Arbeitskraft, der Gesundheit und der guten Laune.

Planung

zu Irma

Zeitung(en) abbestellen, Pflanzen zum Nachbarn bringen oder jemanden bitten, sich darum zu kümmern. Koffer packen, eventuell online einchecken, eventuell am Vorabend ein Taxi zum Flughafen oder Bahnhof vorbestellen, Freunde verabschieden, Wecker stellen.

welche Freunde?

Abreise

Tee!

Nehmen Sie sich Zeit. Vielleicht trinken Sie mit Blick auf den Koffer noch einen letzten Kaffee* in der eigenen Küche und lassen in Gedanken das Packen Revue passieren. Wenn Ihnen noch etwas einfällt, das mitmuss oder auf das Sie doch verzichten können, ist es schön, die Zeit zum Umpacken zu haben. Außerdem beginnt eine gelungene Reise mit einem entspannten Start. Stellen Sie den Wecker ruhig ein wenig früher, auch wenn Sie schon früh aufbrechen müssen.

Vor Ort: Was tun?

* Prüfen Sie dabei, ob es sich um echte Sehenswürdigkeiten handelt oder um Filmkulissen. Wobei das eigentlich auch egal ist.

Nicht jeder weiß sofort, was er im Urlaub tun soll. Unser Tipp: Alles, was gefällt und wonach Ihnen ist. Wenn Sie gerne ausschlafen und den Rest des Tages im klimatisierten Hotelzimmer verbringen wollen - warum nicht? Wer sich zur Ruhe nicht bemüßigt fühlt, stellt eben auch im Urlaub den Wecker und klappert mit Checkliste alle Sehenswürdigkeiten des Ortes ab.*

Besonders schön ist es, wenn Sie vor Ort ein Tagebuch oder gar ein Blog führen, das erhält die teuren Erinnerungen an die schönste Zeit im Jahr für lange Zeit danach, und andere können an Ihrer Urlaubsfreude teilhaben. Reichern Sie Ihre Erinnerungen mit Fotos an, wird die Freude nach dem Urlaub noch größer. *Sie werden sicher immer nette Menschen finden, die sich ein paar Stunden Zeit nehmen, bis das Foto perfekt ist.*

Rückreise und Ankunft

Adressen mit Reisebekanntschaften austauschen, packen (was nun sehr viel einfacher ist, da man nur überprüfen muss, ob alle Schränke im Hotelzimmer geleert sind), eventuell online einchecken, prüfen, ob der Flug wie geplant geht, eventuell Taxi zum Flughafen bestellen, Hotelrechnung bezahlen. Und dann: das eigene Bett genießen, die Freunde wieder treffen,* Fotos anschauen.

Das muss nicht unbedingt sein.

- evtl. Jackett
- Sonnenhut

KOSMETIKA UND MEDIKAMENTE
- Rasierzeug
- After Shave
- Duschgel und Shampoo
- Zahnbürste und Zahnpasta
- Gesichtscreme
- falls gewünscht: Ohrenstäbchen
- Wanderurlaub: Fußcreme
- Sonnencreme
- Aspirin oder Paracetamol
- je nach Reiseland evtl. Durchfallmittel wie Imodium
- persönliche Tabletten und Salben

SPORT-EQUIPMENT
(je nach Vorlieben)
- Laufschuhe
- Golfschuhe
- Schwimmsachen: Badehose, Bademütze, Schwimmbrille und -flossen

UNTERHALTUNG
- Reiseführer
- Lesestoff: Zeitungen, Zeitschriften, Bücher
- Fotoapparat mit Etui
- Elektronik
- falls nicht elektronisch vorhanden: Adressbuch für Ansichtskarten

---

Wenn der Koffer zu voll ist

Wenn der Koffer einfach nicht schließen will, helfen folgende Tricks:
- Genau nachrechnen, wie lange man unterwegs ist, und Konservendosen für den Proviant exakt danach abzählen.
- Ein Handtuch im Miniformat (z. B. Waschlappen) ist ausreichend.
- Manchmal reicht ein Schuh von einem Paar.
- Wenn man sich nicht für ein Hemd entscheiden kann, hilft ein Abzählreim.
- Zahnpastatube halb leer drücken
- Lange Hose kürzen (mit der Schere)
- ~~Vom Teddy reicht der Kopf~~

SPRACHKENNTNISSE

Mit diesen Wörtern kommen Sie garantiert heil durch den Urlaub!

sehr wichtig, wenn man mit dem Zug verreist

Teddy/Teddy

Oui, no, gracias! Fertig!

Ohrstöpsel/earplugs

Koffer/suitcase

Rucksack/backpack

Hut/hat

ausländisches Geld/
foreign currency

Gummistiefel/
wellington boots

Hausschuhe/slippers

Armbanduhr/watch

Wolldecke/
woollen blanket

Kellner/waiter

Zelt/tent

Luftmatratze/airbed

Klappstuhl/
folding chair

Seestern/starfish

Liegestuhl/deckchair

Sonnenhut/sun hat

Schlauchboot/
rubber boat

Wasserball/
beach ball

Flossen/fins

ebenfalls sehr wichtig!

Schwimmflügel/
swimmies

Gummitier/
inflatable animal

Zeitung/newspaper

Wärmflasche/
hot-water bottle

Kamm/comb

Buch/book

Schlafmaske/
sleep mask

Wecker/alarm clock

Taschenlampe/torch

Brief/letter

Briefkasten/postbox

Grille/cricket

Briefmarke/
stamp

Eine ÜBERRASCHUNGS-PARTY planen

Oh, ja! Für Teddy!!!

Eine richtig schöne Geschenkidee für einen guten Freund ist eine Überraschungsparty mit allem Drum und Dran. Denn oft ist es doch so, dass man sich zwar über eine schöne Feier im Kreis seiner Freunde, mit gutem Essen, Musik und schöner Dekoration, freuen würde, aber den Aufwand der Organisation scheut. Nehmen Sie das deshalb Ihrem Freund/Ihrer Freundin doch einfach ab, planen Sie alles im Geheimen, und freuen Sie sich mit ihm (oder ihr) an der Überraschung.

Phase 1: Planen

wie bitte?

Die fünf berühmten W helfen bei der Planung: Für WEN möchte ich das Überraschungsfest ausrichten? Für die Liebste, für einen richtig guten Freund oder für einen langjährigen Kollegen? WARUM möchte ich eine Feier ausrichten? Möchte ich ihm/ihr Arbeit abnehmen, möchte ich ihn/sie aus der Reserve locken, scheut er oder sie sonst größere Menschenmengen? Mag er oder sie überhaupt Überraschungen und ausgelassene Stimmung?* Die Frage nach dem WANN ist dann schon leichter zu beantworten. Wahrscheinlich gibt es einen Geburtstag oder ein Jubiläum zu begehen. Sollte der Tag mitten in der Woche liegen, ist es ratsam, die Feier aufs Wochenende zu verlegen. WO wird gefeiert? In der eigenen Wohnung, in einem angemieteten Raum, bei Freunden? WIE VIELE Gäste kommen? Danach entscheidet sich, wie aufwendig die Sache wird.

* Mit Sicherheit nicht!

Gäste, Gäste, Gäste. Wer soll das denn sein?

Phase 2: Vorbereiten

Eine wichtige Überlegung bei der Vorbereitung ist: Was macht die Person gern,* mit wem verbringt sie gerne Zeit, mit mir! wobei fühlt sie sich wohl? Genauso wichtig ist es, die bespaßte Person in Unwissenheit über Ihren Plan zu lassen und dabei dennoch sicherzustellen, dass sie den Abend mit Ihnen verbringen wird. Denn nur so wird es möglich sein, sie an den Ort zu locken, wo sie dann schließlich mit großem Hallo empfangen wird.

* lesen, schlafen, fernsehen

Eigentlich sind wir ja jeden Abend zusammen ...

Wenn die Vorbereitung in die heiße Phase geht, ist es wichtig, sich Helfer zu besorgen, die beim Dekorieren, bei der Auswahl des Essens und der Musik mit überlegen und die - sehr wichtig - dem Überraschten gegenüber ihr Pokerface wahren können.* Stellen Sie dem Beschenkten keinerlei Fragen in diese Richtung, er darf auf keinen Fall Verdacht schöpfen. Davon abgesehen sollten Sie an Ausweichmöglichkeiten für Vegetarier, Allergiker und Antialkoholiker denken.

* Das traue ich Irma nicht zu. Sie erzählt Teddy ständig Dinge, die ihn nichts angehen.

Phase 3: Durchführen

Machen Sie sich am besten einen Zeitplan, nach dem Sie letzte vorbereitende Handgriffe tun, die Gäste zusammenbringen und schließlich die befragte Person bestellen, abholen und zum Ort der Feier* bringen. Bedenken Sie: Wenn die Straße vor dem Haus mit bekannten Autos vollgeparkt ist, kann es mit der Überraschung kurz vor der Haustür zu Ende sein. Und schließlich kommt der schönste Teil: Feiern, bis der Arzt kommt. *bis wer kommt?*

* Ich lasse Teddy einfach im Schlafzimmer, bis es so weit ist.

Ich habe Teddy mal zu Weihnachten neue Augen geschenkt. Er hat sich so darüber gefreut. Niemand kann sich vorstellen, wie sehr er sich gefreut hat. Das kann nämlich nur ich!

Im DÜSENJET unterwegs

Der Regen will nicht aufhören, und der Sonntag scheint endlos? Keine Bundesliga und auch sonst keiner zu Hause? Die nächste Schönwetterphase kommt bestimmt, und bis dahin vergraben Sie sich einfach mal zu Hause und schauen, was man aus Papierresten so machen kann, z.B. kleine Mini-Jets, die sind klein, aber wendig und düsen richtig los.

Schau, Teddy kann auch fliegen!

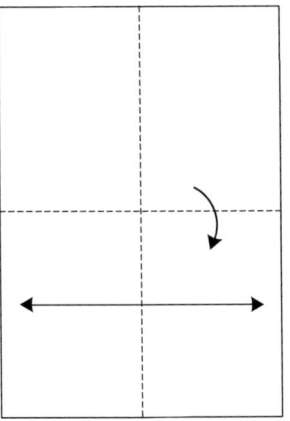

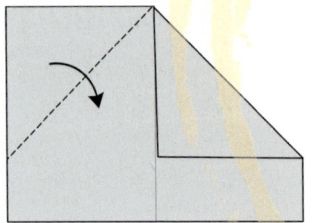

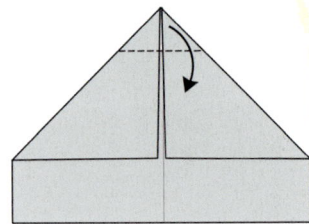

1. Falten Sie das Papier einmal quer, drehen Sie es um 90° und falten Sie es noch einmal quer. Die zweite Faltung öffnen Sie wieder und legen das Blatt mit der gefalteten Kante nach oben.

2. Falten Sie die beiden oberen Ecken jeweils bis zur Mittellinie.

3. Markieren Sie 3 cm von der Spitze entfernt eine waagerechte Linie. Falten Sie die Spitze an dieser Linie nach unten.

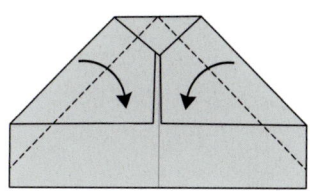

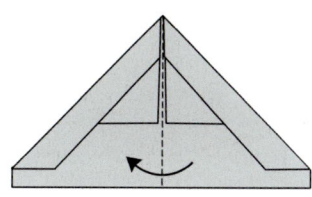

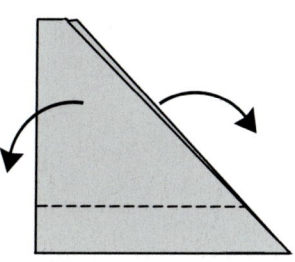

4. Falten Sie die beiden schrägen Außenkanten bis zur Mittellinie.

5. Klappen Sie den Flieger in der Mitte zusammen. Streichen Sie die Faltung noch einmal nach.

6. Markieren Sie für die Tragflächen 3 cm von der unteren Kante entfernt eine waagerechte Linie. Falten Sie das Papier an dieser Linie nach unten. Wiederholen Sie den Vorgang auf der anderen Seite.

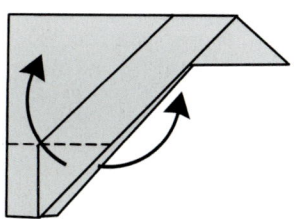

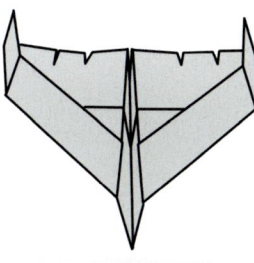

7. Markieren Sie für die Seitenstabilisatoren 2 cm von der unteren Kante entfernt eine waagerechte Linie. Falten Sie das Papier an dieser Linie nach oben. Wiederholen Sie den Vorgang auf der anderen Seite.

8. Stellen Sie die Tragflächen mit den Seitenstabilisatoren an beiden Seiten nach oben. Schneiden Sie hinten kleine Schlitze in den Flieger und biegen Sie die Klappen wahlweise nach oben oder unten.

STRICKANLEITUNG
für meinen Teddy

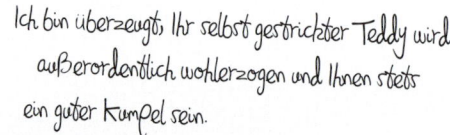

Ich bin überzeugt, Ihr selbst gestrickter Teddy wird außerordentlich wohlerzogen und Ihnen stets ein guter Kumpel sein.

GRÖSSE

Gesamt: ca. 45 cm

Kopf: ca. 11,5 cm

Körper: ca. 15 cm

Beine: ca. 19 cm

Arme: ca. 13 cm

MATERIAL

100 g Strickgarn in Braun
(Lauflänge ca. 150 m/50 g)

20 g Strickgarn in Hellbeige

Etwas Strickgarn in Schwarz

Stricknadeln, Stärke 3 bis 3,5

Füllmaterial, etwa 200 g

Maschenprobe

21 Maschen x 30 Reihen = 10 x 10 cm

Abkürzungen

2M zus str = 2 Maschen zusammenstricken

kr str = kraus stricken (nur rechte Maschen stricken)

dopp = zunehmen, indem eine Masche doppelt gestrickt wird

re = rechts stricken (Mre = rechte Masche)

li = links stricken (Mli = linke Masche)

M = Masche

gl re = glatt rechts stricken
(1 Reihe rechts, 1 Reihe links im Wechsel)

zus str = zusammenstricken

M1 = 1 Masche aus dem Querfaden zunehmen und verschränkt abstricken

(Anweisung in Klammern) = so oft wiederholen, wie hinter der Klammer angegeben

Wie kommt denn nun dieses Bild hier rein? Das bin ja ich! Mit Teddy?! Teddy soll neu gestrickt werden? Die haben ja die verrücktesten Ideen. Aber ja, warum nicht?

Kopf

12M lose aufnehmen

1. Reihe: 1Mre, die nächsten 10M rechts stricken dopp, 1Mre. 22 Maschen

2. Reihe: links stricken

NASE FORMEN

1. Reihe: 1Mre, M1, 7Mre, M1, 6Mre, M1, 7Mre, M1, 1Mre. 26 Maschen

2. und alle weiteren Rückreihen: links stricken

3. Reihe: 1Mre, M1, 9Mre, M1, 6Mre, M1, 9Mre, M1, 1Mre. 30 Maschen

5. Reihe: 1Mre, M1, 11Mre, M1, 6Mre, M1, 11Mre, M1, 1Mre. 34 Maschen

7. Reihe: 1Mre, M1, 13Mre, M1, 6Mre, M1, 13Mre, M1, 1Mre. 38 Maschen

9. Reihe: 1Mre, M1, 15Mre, M1, 6Mre, M1, 15Mre, M1, 1Mre. 42 Maschen

Nächste Reihe: (1Mli, 2Mli, zus str) x 6, 6Mli, (2Mli zus str 1Mli) x 6. 30 Maschen

KOPF FORMEN

1. Reihe: 11Mre, M1, 1Mre, M1, 6Mre, M1, 1Mre, M1, 11Mre. 34 Maschen

Die Mitte dieser Reihe mit einem farbigen Woll-faden markieren. Er dient als Orientierung bei der Positionierung der Augen.

2. und alle weiteren Rückreihen: links stricken

3. Reihe: 12Mre, M1, 1Mre, M1, 8Mre, M1, 1Mre, M1, 12Mre. 38 Maschen

5. Reihe: 13Mre, M1, 1Mre, M1, 10Mre, M1, 1Mre, M1, 13Mre. 42 Maschen

7. Reihe: 14Mre, M1, 1Mre, M1, 12Mre, M1, 1Mre, M1, 14Mre. 46 Maschen

9. Reihe: 15Mre, M1, 1Mre, M1, 14Mre, M1, 1Mre, M1, 15Mre. 50 Maschen

11. Reihe: 16Mre, M1, 1Mre, M1, 16Mre, M1, 1Mre, M1, 16Mre. 54 Maschen

13. Reihe: 6Mre (M1 1Mre) x 9, 24Mre, (1Mre M1) x 9, 6Mre. 72 Maschen

Die folgenden 14 Reihen glatt rechts stricken, beginnend mit einer LINKEN Reihe.

HINTERKOPF FORMEN

BEACHTE: Beide Enden der ersten Reihe mit farbigen Wollfäden markieren.

1. Reihe: (7Mre 2Mre zus str) bis zum Ende. 64 Maschen

2. und alle weiteren Rückreihen: links stricken

3. Reihe: (6Mre 2Mre zus str) bis zum Ende. 56 Maschen

5. Reihe: (5Mre 2Mre zus str) bis zum Ende. 48 Maschen

7. Reihe: (4Mre 2Mre zus str) bis zum Ende. 40 Maschen

9. Reihe: (3Mre 2Mre zus str) bis zum Ende. 32 Maschen

11. Reihe: (2Mre 2Mre zus str) bis zum Ende. 24 Maschen

13. Reihe: (1Mre 2Mre zus str) bis zum Ende. 16 Maschen

15. Reihe: (2Mre zus str) bis zum Ende. 8 Maschen

Faden mit langem Ende abschneiden, durch die auf der Nadel verbliebenen Maschen fädeln, fest zusammenziehen, verknoten.

KOPF FERTIGSTELLEN

Oberes und unteres Ende zusammennähen, dabei in der Mitte eine Öffnung lassen zum Wenden und Stopfen. Die Naht verläuft am unteren Ende des Kopfes. Den Kopf in Form ziehen, rundherum Maschen aufnehmen, mit Wollfaden zusammenziehen. Vor dem Wenden auf die rechte Seite (die Seite mit den LINKEN Maschen ist hier die rechte Seite) die farbigen Wollfäden nach rechts durchziehen. Kopf auf rechts ziehen und mit Füllmaterial stopfen. An der breitesten Stelle - dort wo die 14 Reihen glatt rechts gestrickt wurden - sollte der Kopf jetzt einen Umfang von etwa 32 cm haben. Nun das Loch in der Naht schließen.

POSITION DER AUGEN MARKIEREN

Mit Stecknadeln rechts und links der farbigen Wollfäden jeweils die 3. Masche markieren, sodass zwischen je zwei Nadeln 6 Maschen deutlich erkennbar sind. Mit doppeltem schwarzen Wollfaden die Fläche zwischen den beiden Markierungen drei Maschenreihen tief mit Flachstich (wie beim Sticken!) bedecken. Für das andere Auge wiederholen. Die Augen kann man allerdings auch mit Knöpfen gestalten, die man dort aufnäht, wo sich die Markierung durch die Wollfäden befindet.

NASE

Für die Nase 7 Maschen mit Wolle in Schwarz anschlagen.

1. Reihe: rechts stricken

2. Reihe: (1Mli 2Mli zus str) x 2, 1Mli. 5 Maschen

Mit rechten Maschen beginnend 2 Reihen glatt rechts stricken.

Faden mit langem Ende abschneiden, durch die auf der Nadel verbliebenen Maschen fädeln, fest zusammenziehen, verknoten. Nase an der Schnauzenspitze festnähen. Mit Flachstich eine schwarze Linie von der Nase nach unten nähen (etwa 3,5 bis 4 cm), dann V-förmig einen Mund mit Flachstichen nach rechts und links gestalten.

OHREN

Jedes Ohr erfordert 2 Teile:

16 Maschen anschlagen.

1. Reihe: links stricken

Ohren formen

2. Reihe: 1Mre, M1, dann Mre bis zur letzten M, M1, 1Mre. 18 Maschen

3. Reihe: links stricken.

Reihen 2 und 3 je zweimal wiederholen. 22 Maschen

8. Reihe: 1Mre, 2Mre zus str, 5Mre (2Mre zus str) x 3, 5Mre, 2 Mre zus str, 1Mre. 17 Maschen

Lose abketten. Weitere 3 Teile stricken.

ZUSAMMENNÄHEN

Jeweils 2 Teile für jedes Ohr zusammennähen, dabei an den abgeketteten Enden offen lassen. Auf rechts ziehen (die Seite mit den LINKEN Maschen ist die rechte Seite!) und ein bisschen Füllmaterial in die Ohren stopfen. Die Ohren gleichmäßig in Form ziehen. Naht mit Überwendlingsstich schließen.

Ohren beidseitig am Kopf feststecken, dabei leicht nach vorn einrunden. Zwischen den Ohren sollten ungefähr 6 cm Abstand sein. Festnähen.

Körper

Am Halsansatz beginnen. 28 Maschen anschlagen.

1. Reihe: 3Mre, nächsten 22 M verdoppeln, 3Mre. 50 Maschen

12 Reihen glatt rechts stricken, beginnend mit einer LINKEN Reihe.

ZUNAHME:

11Mre (M1 1Mre) x 4, 20Mre, (1Mre M1) x 4, 11Mre. 58 Maschen

18 Reihen glatt rechts weiterstricken.

ABNAHME:

12Mre (2Mre zus str) x 4, 18Mre, (2Mre zus str) x 4, 12Mre. 50 Maschen

4 Reihen glatt rechts weiterstricken.

9Mre (2Mre zus str) x 4, 16Mre, (2Mre zus str) x 4, 9Mre. 42 Maschen

4 Reihen glatt rechts weiterstricken.

UNTERKÖRPER FORMEN

1. Reihe: 12Mli, Arbeit wenden.

2. Reihe: 1. M abheben. Mre bis zum Ende.

3. Reihe: 11Mli, 2Mli zus str, Mli bis zum Ende.

41 Maschen

4. Reihe: 12Mre, Arbeit wenden.

5. Reihe: 1. M abheben. Mli bis zum Ende.

6. Reihe: 11Mre, 2Mre zus str, Mre bis zum Ende. 40 Maschen

7. Reihe: 12Mli, Arbeit wenden.

8. Reihe: 1. M abheben. Mre bis zum Ende.

9. Reihe: 11Mli, (2Mli zus str) x 2, Mre bis zum Ende. 38 Maschen

10. Reihe: 12Mre, Arbeit wenden.

11. Reihe: 1. M abheben. Mli bis zum Ende.

12. Reihe: 11Mre, (2Mre zus str) x 2, Mre bis zum Ende. 36 Maschen

13. Reihe: (2Mli zus str) bis zum Ende. 18 Maschen

14. Reihe: (2Mre zus str) bis zum Ende. 9 Maschen

Faden mit langem Ende abschneiden, durch die auf der Nadel verbliebenen Maschen fädeln, fest zusammenziehen, verknoten.

Fertigstellen

KÖRPER

Körper an den Enden schließen. Die Naht befindet sich senkrecht am Rücken des Bären. Auf rechts ziehen (die Seite mit den LINKEN Maschen ist die rechte Seite!) und NICHT ZU FEST mit Füllmaterial stopfen. Körper am Kopf feststecken. Eventuell noch etwas Füllmaterial nachstopfen, dann festnähen. Nun die letzte Naht schließen.

BEINE (2X)

7 Maschen anschlagen.

1. Reihe: rechts stricken, alle M verdoppeln. 14 Maschen

2. Reihe: rechts stricken

3. Reihe: rechts stricken, alle M verdoppeln. 28 Maschen

4. Reihe: 1. und letzte M verdoppeln. 30 Maschen

4 Reihen kraus stricken. 8 Reihen

46 Reihen glatt rechts stricken. 54 Reihen

Nächsten beiden Reihen: je 3 Maschen am Ende abnehmen. 24 Maschen

Nächsten 4 Reihen: jeweils die erste Masche abnehmen. 20 Maschen

Nächsten 4 Reihen: jeweils am Anfang und am Ende der Reihe je 1 Masche abnehmen. 12 Maschen

Nächste Reihe: (2Mre zus str) bis zum Ende. 6 Maschen

Faden mit langem Ende abschneiden, durch die auf der Nadel verbliebenen Maschen fädeln, fest zusammenziehen, verknoten.

ARME (2X)

Wolle in Hellbeige

7 Maschen anschlagen.

1. Reihe: rechts stricken, alle M verdoppeln. 14 Maschen

2. Reihe: rechts stricken

3. Reihe: rechts stricken, alle M verdoppeln. 28 Maschen

4. Reihe: 1. und letzte M verdoppeln. 30 Maschen

8 Reihen kraus stricken. 12 Reihen

Wechsel zu Wolle in Braun

30 Reihen glatt rechts stricken. 42 Reihen

Nächsten 8 Reihen: jeweils am Anfang und am Ende der Reihe je 1 Masche abnehmen. 14 Maschen

Nächste Reihe: (2Mre zus str) bis zum Ende. 7 Maschen

Faden mit langem Ende abschneiden, durch die auf der Nadel verbliebenen Maschen fädeln, fest zusammenziehen, verknoten.

ARME UND BEINE FERTIGSTELLEN

Arme und Beine jetzt zusammennähen. Jeweils der Länge nach an den Seiten mit einer Naht schließen. In Form ziehen, die Nähte kommen jeweils an die Unterseiten der Arme und die Innenseiten der Beine. Die oberen Enden der Gliedmaßen zunächst offen lassen. Alle Teile auf die rechte Seite wenden (Die LINKE Seite ist hier wieder die rechte!) und mit Füllmaterial ausstopfen. Nicht zu fest stopfen, Teddy soll knuffig sein.

BEINE AM KÖRPER BEFESTIGEN

Das rechte Bein (Naht an der Innenseite) am unteren rechten Ende des Körpers feststecken, dort wo Maschen zur Körperformung abgenommen wurden. Falls nötig, noch ein wenig Füllmaterial nachstopfen, in Position festnähen. Für das andere Bein wiederholen.

ARME AM KÖRPER BEFESTIGEN

Die oberen Enden der Arme 1 cm unterhalb des Halses rechts und links am Oberkörper feststecken. Falls nötig, noch ein wenig Füllmaterial nachstopfen. In Form ziehen (Nähte befinden sich an den Unterseiten der Arme) und am Körper festnähen.

Konzeption, Texte und Kommentare: Iris Warkus

Außerdem:
Ulrike Lowis (S. 8–25, 28, 29, 34–39, 44, 45, 52–57)
Petra Henn (S. 46–49)
Ole Windgaßen (S. 40–43)
Irmgard Feith (S. 88, 89).

Bildnachweis:

8, 19, 57, 4578, 10476 …
Das ist mir alles zu kompliziert!
ENDE!